REIKI – *Ratgeber für Tiere*

UND ANDERE SANFTE HEILMETHODEN

Autor: Wolfgang Kellmeyer - Reikilehrer

1. Auflage

Herstellung und Verlag:
Books on Demand GmbH, Norderstedt.

ISBN-13: 9783837072556

Inhalt

3

Vorwort

Der Autor Wolfgang Kellmeyer ist schon seit vielen Jahren als Reikilehrer und Tierheilpraktiker tätig. In dieser Zeit sammelte er viele Erfahrungen mit Tieren und Reiki. Diese Erkenntnisse möchte er durch dieses Buch weitergeben. Darüber hinaus finden sich viele Informationen über Bachblüten, Edelsteine und andere Heilmöglichkeiten in diesem Buch.

Keinesfalls sollen die Anregungen den Besuch beim Tierarzt oder Tierheilpraktiker ersetzen sondern sie stellen lediglich eine Ergänzung zu der Tiermedizin dar.

Einleitung

Dieses Buch soll nicht dazu auffordern die Behandlung beim Tierarzt oder Tierheilpraktiker zu ersetzen sondern die Tip`s und Ratschläge sind lediglich als zusätzliche Behandlungsanreize zu verstehen.

Tiere haben ebenso wie wir Menschen eine Seele und deshalb sind oft, genau wie beim Menschen seelische Ursachen für viele Krankheiten vorhanden. Leider werden oft vor allem junge Tiere gekauft weil die ja sooo süß sind, ohne dabei zu berücksichtigen, dass diese Tiere irgendwann einmal groß werden, dass diese Tiere viel Aufmerksamkeit und Liebe benötigen, ja auch dass diese Tiere oft viel Geld kosten. Deshalb mein Appell an die Eltern: Tiere sind kein Spielzeug sondern Lebewesen für welche wir beim Kauf oft für viele Jahre die Verantwortung übernehmen. Dabei muss uns klar sein, dass nur Tiere welche artgerecht gehalten werden, auch gesunde Tiere sind. Tiere benötigen neben dem alltäglichen Auslauf Aufgaben, welche sie erledigen müssen oder andere Beschäftigungen durch die sie körperlich und auch geistig gefordert werden. Dies kostet immer sehr wertvolle Zeit und dies jeden Tag ganz gleich wie wir uns selbst fühlen. So müssen Hunde auch dann ausgeführt werden, wenn wir selbst krank sind oder uns nicht wohl fühlen.

Deshalb gilt der Grundsatz: Vorbeugen ist besser als heilen auch für unsere Tiere. Da wir Menschen hin und wieder Urlaub machen möchten, sollte uns auch klar sein, dass wir unsere Tiere hier nicht einfach für diese Zeit abschieben können. Tiere leiden ganz extrem unter Trennungen von Herrchen oder Frauchen.

Sie können nicht wissen, dass wir eventuell nur ein oder zwei Wochen Urlaub benötigen und dann wieder zurück kommen. Sie verstehen nicht, wieso sie von ihrem Rudel alleine gelassen werden. Bedenken Sie auch, dass Sie vielleicht mal für einige Zeit in ein Krankenhaus müssen und dass dann jemand da ist, der sich um Ihr Tier kümmert.

Bei all den bisherigen Gründen gegen die Anschaffung eines Tieres steht aber auch die Freude, Treue und Liebe welche uns die Tiere entgegen bringen. Gerade für ältere Menschen sind Tiere oft der einzige Partner den sie haben, nicht zu vergessen die Aufgabe dieses Tier zu pflegen, welche sehr wichtig für diese Menschen ist.

Früher wurden Tiere von uns Menschen gehalten um uns zu dienen, sei es als Arbeitstiere, Wachtiere oder einfach als Transportmittel und Fleischlieferant. Da wir die Tiere brauchten, war es nur natürlich, dafür zu sorgen, dass es den Tieren gut ging.

Heute dagegen halten wir uns Tiere zu unserem seelischen Ausgleich, um mit ihnen Sport zu betreiben oder um nicht alleine zu sein. Wird ein Tier krank oder anfällig wird es oft entsorgt und durch ein anderes, gesundes Tier ersetzt. Auch hier zeigt sich leider unsere Wegwerfgesellschaft von ihrer schlechtesten Seite. Da wir Menschen immer stolz darauf sind unseren Verstand zu haben, sollten wir diesen auch dazu benutzen für unsere Tiere und deren Wohlergehen Verantwortung zu übernehmen. Dies bedeutet oft selbst zurück zu stecken, auf vieles zu verzichten, auch einmal nicht zur Silvesterparty zu gehen sondern bei unseren Tieren zu bleiben damit diese keine Angst vor dem Knallen haben müssen –

jemand an ihrer Seite ist dem sie vertrauen. Bedenken Sie auch, dass man Tiere nicht im Sommer im Fahrzeug lassen sollte während man gemütlich einkaufen geht oder seinen eigenen Hunger im Restaurant stillt. Oft dürfen Hunde nicht mitgehen was man leicht durch die Schilder im Eingangsbereich nachlesen kann. Viele Tiere sind bei solchen Gelegenheiten schon elend im Fahrzeug eingegangen. Einige Fälle sind mir persönlich bekannt geworden wo sich kleinere Hunde mit dem Halsband am Gas- oder Bremspedal selbst stranguliert haben. Auch dies sollten wir – die Tiere mit Verstand – immer berücksichtigen.

Reiki und Tiere allgemein

Bei der Reiki Ausbildung wird das Thema „Reiki und Tiere" leider allzu oft vernachlässigt. Dabei sind gerade unsere Tiere offen Reiki gegen über, haben sie doch kein Bewusstsein, welches Reiki ablehnen kann. Gerade Tiere sind sehr sensibel was Energien angeht. Tiere spüren schon eine Stunde vor einem Ereignis, dass etwas kommt z.B. ein Gewitter oder ein Unwetter. Ebenso nehmen sie ganz selbstverständlich positive oder negative Energien war. Sie tun dies durch ihre Sinnesorgane in ihrer Gesamtheit. Katzen liegen oft an Orten wie Wasseradern oder Erdstrahlen. Ein Hund meidet diese Orte meistens. Tiere können mit Reiki bei Schmerzen und Krankheiten behandelt werden und auch bei Angst beruhigt werden. Die Behandlung eines Tieres ist wunderbar, da sie uns nicht erzählen können, wo sie Ihre Schmerzen empfinden, Zwar weiß niemand was ein Tier während einer Reiki-Behandlung empfindet,

11

meine Erfahrungen als Tierheilpraktiker zeigen mir jedoch das alle Tiere bei Schmerzen, Stress oder Angst auf uns zukommen und Reiki dankbar annehmen.

Bei meinen Behandlungen beobachte ich sehr häufig, dass sich die Tiere genau auf die Seite drehen oder auch auf die Seite hinlegen, wo sie Reiki haben möchten. Die heilende Reikienergie wird wie beim Menschen durch Auflegen der Hände übertragen. Hat ein Tier genug Reikienergie erhalten, entfernt es sich in der Regel allein vom Behandlungsort.

Tiere reagieren sehr gut auf Reiki und wie auch beim Menschen kann Reiki bei allen Arten von Krankheiten, Verletzungen, Stress, Angst. besonders bei allgemeinen Verhaltensproblemen und psychischen oder psychosomatischen Krankheiten sowie Verhaltensauffälligkeiten eingesetzt werden.

Die Reikienergie lindert Schmerzen und beschleunigt den heilenden Prozess. Eine regelmäßige Reiki-Behandlung verbessert bei einem schwer erkrankten Tier die Lebensqualität und verzögert die Weiterentwicklung bestimmter Krankheiten. Bei akuten und chronischen Erkrankungen kann Reiki ebenfalls helfen, allerdings ist es wichtig die Ursache vorher herauszufinden.

Reiki fließt in die Bereiche wo die Reikienergie benötigt wird und kräftigt dabei den Körper, den Geist und die Seele der Tiere.

Das Immunsystem, die Selbstheilungskräfte und der Stoffwechsel werden angeregt, der Körper entgiftet und die Vitalisierung und Entspannung gefördert. Durch Reiki wird die Aufmerksamkeit und die Konzentration und somit das Lernen gesteigert. Reiki löst Blockaden auf, Ängste und Stress werden abgebaut

Einsatzgebiete von Reiki bei Tieren

Reiki kann bei Krankheiten und als präventive Maßnahme auch in Bereichen von Verhaltensproblemen eingesetzt werden. Hierbei ist zwischen Ängstlichkeit, Angst und allgemeinen Verhaltensproblemen zu unterscheiden.

Mögliche Einsatzgebiete sind:

+ Linderung von Schmerzen bei akuten oder chronischen Beschwerden
+ Entgiftung
+ bessere Versorgung des Körpers mit Lebenskraft (Muskeln, Organe, Zellen)
+ Stärkung des Immunsystems
+ Stärkung der Selbstheilungskräfte und schnellere Genesung
+ innere Ruhe und Gelassenheit
+ Wiederherstellung von Harmonie und Wohlbefinden
+ freierer Fluss von Atem und Lebensenergie
+ Lösen von Energie- und Gefühlsblockaden
+ Probleme beim Autofahren
+ Gewöhnung an neue Umgebungen
+ Scheren - Kämmen
+ mangelndes Vertrauen
+ nach Besitzerwechsel (leider oft genug der Fall)
+ Schwierigkeiten bei allgemeinen Umgang während einer Trennung
+ Schock, Verletzung, Unfall
+ nach dem Gebären

- Zur Beruhigung bei Ausstellungen
- Aggressionen - Beißen - Ungehorsam
- Unsauberkeit - nicht alleine bleiben können
- Angst vor bestimmten Dingen, z.B. Hunde, Menschen, Geräusche, Autofahren
- Sterbe- und Trauerbegleitung

Eine meiner Schülerinnen berichtete mir, dass einer ihrer Hunde nach ihrer Einweihung in den ersten Reikigrad regelrecht reiß aus vor ihr nahm, während der andere Hund sofort zu ihr kam und Reiki haben wollte. Grundsätzlich können Tiere intuitiv feststellen, dass man ein Reikikanal ist und sie kommen nur dann und betteln förmlich um Energie, wenn sie welche benötigen. Aufzwingen kann man auf keinen Fall eine Reikibehandlung. Wunderbar kann man an Tieren feststellen, dass Reiki nicht nur auf der körperlichen Ebene wirkt, sondern eben auch auf der seelischen Ebene. So hatte ich eine sehr scheue Katze, welche niemand an sich ran lies. Innerhalb unserer Familie sonderte sich diese Katze komplett ab. Katzen, welche so scheu sind, sind ganz besonders gefährdet bei Katzenaids oder F I V. Es handelte sich bei dieser Katze um eine schwarze Katze mit halblangem Haarkleid. Allerdings war das Fell stumpf der Schwanz eigentlich sehr armselig nur mit wenigen Haaren bewachsen. Nun wurde diese Katze krank. Eigentlich lies sie sich ja von niemand anfassen oder gar streicheln. In einem günstigen Augenblick (sie schlief auf der Fensterbank) schlich ich mich an sie heran, packte sie mit der einen Hand und gab ihr mit der anderen Hand Reiki. Nach nur 2 Minuten entspannte sich die Katze und wurde ganz ruhig. Das war der

Augenblick, wo ich die Katze losließ und auch mit der 2. Hand Reiki fließen lies. Die Katze blieb ganz 20 Minuten ganz ruhig liegen und ließ sich behandeln. Am darauf folgenden Tag saß ich am PC und ich konnte es kaum glauben, die Katze kam, mautzte mich an und wollte wieder Reiki haben. Nach einer Woche täglicher Behandlung war nicht nur die Katze wieder gesund, sondern ihr Fell wurde von Tag zu Tag schöner und die Scheu welche sie bereits jahrelang gezeigt hatte war wie weg geblasen. Ich denke, dies ist ein wunderbares Beispiel, wir Reiki eben nicht nur auf der körperlichen Ebene sondern insbesondere auch auf der seelischen Ebene wirkt. Ein weiteres Beispiel möchte ich an dieser Stelle nennen. Es handelt sich dabei um einen Schäferhund, welcher 1 ½ Jahre nur in einem Zwinger zugebracht hatte. Der Besitzer war der Meinung, dass der Hund durch diese Behandlung scharf und wachsam werden würde. Der Hund bekam sein Fressen im Zwinger und verrichtete auch seine Notdurft im Zwinger. Einmal wöchentlich wurde der Zwinger inklusive Hund mit einem Wasserschlauch gereinigt. Nach dem langen  Leidensweg des Hundes stellte man nun fest, dass der Hund Angst vor seinem eigenen Schatten hatte. Der arme Kerl kannte ja nichts außer seinem Zwinger. Der Besitzer war nun sehr enttäuscht und suchte einen Jäger um den Hund erschießen zu lassen. Dies wurde mir dann mitgeteilt und ich fuhr dort hin und nahm den Hund mit zu mir. Ich denke, es ist jedem klar, dass hier eine ganz Menge Aufbauarbeit von Nöten war um diesem Hund wieder Vertrauen in die Menschheit einzuflössen. Selbst vor meinen Katzen warf er sich ergeben auf den Boden. Er konnte weder eine Treppe gehen noch kannte er Fleischknochen und schon gar kein Hundespielzeug. Schnell stellte ich fest, dass der Hund aufgrund dieser Behandlung einen sehr nervösen Magen hatte. Tierärzte sagten mir, dass ich damit leben muss und sie dem Hund nicht helfen könnten. Ich versuchte alle auf dem Markt befindlichen Futterarten, aber es half nichts. Sofort nach dem Füttern musste der Hund raus. 3 Jahre lang hatte er Durchfall, das Fell war stumpf und der Hund nur Haut und Knochen, da er sein Futter nicht richtig verwertet hat. Eines Tages, ich saß auf meiner Couch und schaute fern, kam der Hund, sprang auf die Couch und legte sich neben mich mit seinem Kopf auf meinen Beinen. Inzwischen hatte ich Reiki gelernt und mein Gefühl sagte mir, dass der Hund sicherlich Reiki haben möchte. Ich versuchte ihm auf seinem Magen Reiki zu geben. Mit seinen Pfoten verjagte er mich von seinem Magen. Also legte ich

meine Hände auf seine Schulterpartie und ich merkte sofort wie Reiki zu fließen begann. Diese erste Behandlung dauerte 30 Minuten wobei der Hund völlig weggetreten war. Man konnte nur noch das Weiße in seinen Augen sehen. Seit dieser Behandlung kommt der Hund einmal wöchentlich und bittet um Reiki, welches er nun immer für ca. 10 Minuten erhält.

Er hat keinerlei Durchfall mehr, ist entspannt, ruhig und selbstsicher geworden, hat zugenommen und ein glänzendes Fell bekommen. Ein weiteres sehr schönes Erlebnis durfte ich bei der Behandlung eines Pferdes machen. Das arme Pferd wurde morgens auf seiner Koppel gefunden mit einem Zaunpflock im Hals. Die Wunde wurde tierärztlich versorgt, dies hieß 3 Mal von innen genäht. Wie der Pfahl in den Hals kam konnte nicht recherchiert werden. Das Pferd war so verängstigt, dass es niemand mehr in seine Box lies. Der Tierarzt als auch der anschließend herbei gerufene Tierpsychologe empfahlen, das Tier zum Schlachter zu bringen. Man bat mich darum, dem Pferd mal Reiki zu geben. Nachdem ich beim ersten Mal von außen per Fernreiki Kontakt aufgenommen hatte, konnte ich bereits am 2. Tag schon zu dem Pferd in die Box gehen wobei das Pferd seinen Kopf vertrauensvoll auf meine Schulter legte und ich mit den Händen am Hals Reiki geben konnte. Bereits nach einer Woche konnte ich das Pferd über eine Stunde im Freien bewegen.

Wie man sieht, Reiki wirkt auf allen Ebenen auch oder sollte ich besser sagen, gerade bei Tieren, denn Tiere brauchen erst gar nicht zu verstehen, was da passiert, sie sind einfach offen und sensibel genug um zu merken, dass Reiki ihnen gut tut. Als Tierheilpraktiker setze ich zur Genesung grundsätzlich Reiki zusätzlich ein neben Bachblüten oder homöopathischen Mitteln. Genau wie bei der Behandlung von Menschen ist in diesem Zusammenhang wichtig, dass wir nicht die Behandlung beim Tierarzt oder Tierheilpraktiker ersetzen. Reiki als Unterstützung der Behandlung hingegen ist immer nur vorteilhaft. Wichtig ist auch, dass kranke Tiere – und hier besonders verletzte Tiere oft unter einem Schock leiden. In dieser Phase ist es bei manchen Tieren auch gefährlich sich ihnen einfach so zu nähern. Dies kann unter Umständen sogar für den Tierhalter gefährlich sein. Wer in den zweiten Reikigrad eingeweiht wurde, kann und sollte hier zunächst einmal aus sicherer Entfernung Fernreiki senden um eine Vertrauensbasis zwischen ihm und dem verletzten Tier herzustellen. Ebenso wichtig ist es, sich dem Tier langsam ohne Hektik zu nähern und zunächst Reiki in die Aura des Tieres einfließen zu lassen. Ja sie haben richtig gelesen, auch Tiere haben eine Aura! Legen Sie niemals die Hände direkt auf offene Wunden oder Verbrennungen. Tiere sind wie schon erwähnt sensibler, dies gilt auch für Schmerzen. Zwar zeigen Tiere Schmerzen welche permanent vorhanden sind nur durch ihre Körpersprache (schlechter Allgemeinzustand) aber dennoch würde die Hitze der abstrahlenden Hände die bereits vorhandenen Schmerzen noch verstärken. Nur plötzlich auftretende Schmerzen werden vom Tier auch akustisch angezeigt (z.B.: wenn Sie einen schlafenden Hund auf die Pfote treten jault er auf). Hat der Hund aber durch eine Verletzung oder Krankheit einen ständigen Schmerz, wird er zwar humpeln (Körpersprache) aber keineswegs ständig jaulen.

Bei der Behandlung von Tieren sind die Handpositionen nicht primär wichtig, da sich das Tier genauso so dreht, dass die Hände an den Stellen liegen, wo es Reiki benötigt. Ist uns die Art der Verletzung oder Krankheit bekannt, können wir natürlich analog zum Menschen auch ganz gezielt dorthin Reiki fließen lassen wo die Krankheit oder Störung vorliegt. Wenn das Tier sich

dabei rumdreht, sodass unsere Hände an einer anderen Stelle zum Liegen kommen, lassen wir selbstverständlich dort auch Reiki fließen. Tiere wissen besser als wir, wo genau sie nun Reiki benötigen. Von der Behandlungen beim Menschen wissen wir, dass es wichtig ist gerade danach recht viel zu trinken um die Reinigung, welche Reiki angestoßen hat zu unterstützen. Dies gilt natürlich auch für alle Landtiere. Auch bei Tieren kann es folglich zu vermehrten Wasserlassen oder Durchfällen kommen wenn der Körper sich reinigt. Dies sollte man dem Tierhalter sagen, damit das behandelnde Tier auch die Möglichkeiten hat sich zu entleeren. Es ist in den meisten Fällen richtig ja sogar wichtig, wenn der Tierbesitzer zugegen ist. Dies beruhigt das Tier, da eine ihm bekannte Person, zu der das Tier Vertrauen hat anwesend ist.
Sie haben Angst davor, das ein oder andere Tier anzufassen?
Nun in diesem Falle kann man mit dem 2. Reikigrad ebenfalls helfen, indem man dem Tier dann Fernreiki zur Verfügung stellt. Ebenso sinnvoll ist es, über dem Schlafplatz des Tieres (beim Pferd z.B. in der Pferdebox) eine Reikidusche zu installieren. Sollte das Tier noch in tierärztlicher Behandlung sein, ist es ratsam mit dem Tierarzt zusammen zu arbeiten. Es könnte passieren, dass der Tierarzt einen Eingriff unter Narkose oder Beruhigungsmitteln vornehmen muss und die Reikidusche die Wirkung der Narkose zum Nachteil des Tieres beeinflusst. Sollte ein solcher Eingriff geplant sein und zwar dort wo Sie die Dusche errichtet haben, müssen Sie für die Dauer des Eingriffs die Dusche deinstallieren. Nach dem Eingriff können Sie

die Dusche sofort wieder aktivieren damit die körperfremden Narkosemittel wieder schnellstmöglich ausgeschieden werden. Wie eine solche Reikidusche installiert können Sie am Ende des Buches nachlesen Grundsätzlich gilt, dass eine Tierbehandlung so zwischen 20 und 30 Minuten mit dem 1. Grad behandelt werden sollte.

Hunde bleiben erfahrungsgemäß länger liegen, während Katzen sehr energieempfindlich sind und früher weg springen.

Wenn ein Tier sehr krank ist, kann es auch sein, dass wir 1 bis 2 Stunden behandeln müssen. Die Tiere lassen es uns wissen, wann wir aufhören sollen, indem sie einfach aufstehen und weggehen.

Behandle auch die Organe, die mit einer bestimmten Krankheit in Verbindung stehen, z.B. bei Erkältungen die Milz (Abwehrsystem), Nieren (Ausscheidung), Leber (Entgiftung) und Kopf/Hals. Es ist genau wie bei uns Menschen. Immer dann, wenn zwei Organe oder Gliedmaßen vorhanden sind sollten beide, also auch das gesunde Teil mit behandelt werden. Das gilt auch dann, wenn dieses Organ oder Gliedmaß nicht mehr vorhanden ist.

Da Reiki ja auf Körper, Geist und Seele wirkt, ist es sehrgut bei Tieren anzuwenden, die einen seelischen Schaden haben, verhaltensgestört oder misshandelt worden sind. Die misshandelten Tiere wollen sich zuerst meistens nicht anfassen lassen. Sie erspüren wohl die Ausstrahlung von Reiki und beruhigen sich sehr schnell, wenn Reiki zu fließen beginnt. Leider viel zu wenig praktiziert wird die Möglichkeit, dem Tier über das Futter beziehungsweise über die Aufnahme von Flüssigkeit Reiki zu zuführen, dabei ist dies doch ganz einfach. Wir kennen dies ja davon, wenn wir unsere Nahrung oder Getränke vor dem Verzerr mit Reiki energetisch aufladen. Ergo sollten wir dies auch bei der Nahrung für unsere Tiere oder dem Wassernapf tun.

Wichtig ist es, immer zu überprüfen, wie das Tier gehalten wird. Rudeltiere sollten deshalb nicht alleine gehalten werden bzw. auch nicht zu oft alleine gelassen werden. In solchen Fällen kann Reiki zwar kurzfristig eine Besserung herbeiführen, aber langfristig werden die alten Symptome wieder auftreten. Leider können unsere Tiere mit den Lebensregeln nichts anfangen. Ich selbst habe mich deshalb dazu entschlossen, Tiere immer in ihrer gewohnten Umgebung zu behandeln. Erstens ist dies für die Tiere und oft auch für deren Halter mit weitaus weniger Stress verbunden und zweitens kann ich nur so erkennen, ob bei der Haltung der Tiere Fehler gemacht werden.

Reiki und Pferde

Im Bereich der Pferde kann Reiki außer bei Krankheiten und als präventative Maßnahme auch in folgenden Bereichen eingesetzt werden:

Reiki bei Verhaltensproblemen:

Vorbeugend bei:

· Verladen auf den Hänger
· erstem Satteln
· erstem Aufsteigen
· Einreiten
· Erstem Beschlagen
· Gewöhnung an neue Umgebung

Zur Entspannung und Beruhigung bei

· mangelndes Vertrauen
· nach Stallwechsel
· vor, nach und während Wettbewerben
· Scheuen
· Nervosität
· Spannung und Schwierigkeiten beim Reiten und im allgemeinen Umgang
· während einer Trennung
· Schock, Verletzung, Unfall und nach dem Anfohlen

Bei Verhaltensproblemen wie:

· Aggressionen
· Beißen
· Kopfschlagen
· Zappeln
· Ausschlagen
· Durchgehen
· Angst vor bestimmten Dingen z.B. Hunde, Sattel, Decke, Verkehr, Sprünge, Geräusche

Da Pferd und Reiter eine enge Beziehung zueinander haben und sich gegenseitig oft stark beeinflussen, werden viele Beschwerden beim Pferd leider auch durch den Reiter verursacht. Beispielsweise wird starke Nervosität des Reiters auf das Pferd übertragen. Daher ist es oft sinnvoll, dass in dieser Symbiose sowohl Pferd als auch Reiter ganzheitlich behandelt werden.

Tierschutzgesetz

An dieser Stelle möchte ich einige wichtige Punkte des Tierschutzgesetzes in Deutschland zitieren:

§ 2
Wer ein Tier hält, betreut oder zu betreuen hat,
1.muss das Tier seiner Art und seinen Bedürfnissen entsprechend angemessen ernähren, pflegen und verhaltensgerecht unterbringen,
2.darf die Möglichkeit des Tieres zu artgemäßer Bewegung nicht so einschränken, dass ihm Schmerzen oder vermeidbare Leiden oder Schäden zugefügt werden,
3.muss über die für eine angemessene Ernährung, Pflege und verhaltensgerechte Unterbringung des Tieres erforderlichen Kenntnisse und Fähigkeiten verfügen.

§ 3
Es ist verboten,
1. einem Tier außer in Notfällen Leistungen abzuverlangen, denen es wegen seines Zustandes offensichtlich nicht gewachsen ist oder die offensichtlich seine Kräfte übersteigen,
1a.einem Tier, an dem Eingriffe und Behandlungen vorgenommen worden sind, die einen leistungsmindernden

körperlichen Zustand verdecken, Leistungen abzuverlangen, denen es wegen seines körperlichen Zustandes nicht gewachsen ist,

1b.an einem Tier im Training oder bei sportlichen Wettkämpfen oder ähnlichen Veranstaltungen, Maßnahmen, die mit erheblichen Schmerzen, Leiden oder Schäden verbunden sind und die die Leistungsfähigkeit von Tieren beeinflussen können, sowie an einem Tier bei sportlichen Wettkämpfen oder ähnlichen Veranstaltungen Dopingmittel anzuwenden,

2.ein gebrechliches, krankes, abgetriebenes oder altes, im Haus, Betrieb oder sonst in Obhut des Menschen gehaltenes Tier, für das ein Weiterleben mit nicht behebbaren Schmerzen oder Leiden verbunden ist, zu einem anderen Zweck als zur unverzüglichen schmerzlosen Tötung zu veräußern oder zu erwerben; dies gilt nicht für die unmittelbare Abgabe eines kranken Tieres an eine Person oder Einrichtung, der eine Genehmigung nach § 8 und, wenn es sich um ein Wirbeltier handelt, erforderlichenfalls eine Ausnahmegenehmigung nach § 9 Abs. 2 Nr. 7 Satz 2 für Versuche an solchen Tieren erteilt worden ist,

3.ein im Haus, Betrieb oder sonst in Obhut des Menschen gehaltenes Tier auszusetzen oder es zurückzulassen, um sich seiner zu entledigen oder sich der Halter- oder Betreuerpflicht zu entziehen,

4.ein gezüchtetes oder aufgezogenes Tier einer wildlebenden Art in der freien Natur auszusetzen oder anzusiedeln, das nicht auf die zum Überleben in dem vorgesehenen Lebensraum erforderliche artgemäße Nahrungsaufnahme vorbereitet und an das Klima angepasst ist; die Vorschriften des Jagdrechts und des Naturschutzrechts bleiben unberührt,

5.ein Tier auszubilden oder zu trainieren, sofern damit erhebliche Schmerzen, Leiden oder Schäden für das Tier verbunden sind,

6.ein Tier zu einer Filmaufnahme, Schaustellung, Werbung oder ähnlichen Veranstaltung heranzuziehen, sofern damit Schmerzen, Leiden oder Schäden für das Tier verbunden sind,

7.ein Tier an einem anderen lebenden Tier auf Schärfe abzurichten oder zu prüfen,

8.ein Tier auf ein anderes Tier zu hetzen, soweit dies nicht die Grundsätze weidgerechter Jagdausübung erfordern,

8a.ein Tier zu einem derartig aggressiven Verhalten auszubilden oder abzurichten, dass dieses Verhalten

a) bei ihm selbst zu Schmerzen, Leiden oder Schäden führt oder

b)im Rahmen jeglichen artgemäßen Kontaktes mit Artgenossen bei ihm selbst oder einem Artgenossen zu Schmerzen oder vermeidbaren Leiden oder Schäden führt oder

c) seine Haltung nur unter Bedingungen zulässt, die bei ihm zu Schmerzen oder vermeidbaren Leiden oder Schäden führen,

9.einem Tier durch Anwendung von Zwang Futter einzuverleiben, sofern dies nicht aus gesundheitlichen Gründen erforderlich ist,

10.einem Tier Futter darzureichen, das dem Tier erhebliche Schmerzen, Leiden oder Schäden bereitet,

11.ein Gerät zu verwenden, das durch direkte Stromeinwirkung das artgemäße Verhalten eines Tieres, insbesondere seine Bewegung, erheblich einschränkt oder es zur Bewegung zwingt und dem Tier dadurch nicht unerhebliche Schmerzen, Leiden oder Schäden zufügt, soweit dies nicht nach bundes- oder landesrechtlichen Vorschriften zulässig ist.

Behandlungen im Einzelnen nach Tierart
Hunde und Katzen

Erkrankungen des Atmungsapparates beim Hund:

Auch unsere Hunde können sich erkälten, wie wir Menschen. Sie zeigen auch die gleichen Anzeichen. An erster Stelle steht ein Hustenreiz. Man sollte diesem immer nachgehen, denn Husten ist ein Reinigungsmechanismus des Körpers, der nicht unterdrückt werden sollte. Er will damit etwas meist körperfremdes aus dem Atmungstrakt entfernen. Häufig kann man am Husten schon erkennen um welche Erkrankung es sich bei unserem Vierbeiner handelt.

Bronchitis:

Hustet Dein Hund nur kurze Stöße, die leicht rasselnd und dumpf klingen, ihn aber nicht weiter beeinflussen, dann hat er sich sicher eine leichte Bronchitits zugezogen, hervorgerufen durch z.b. eine Auskühlung oder einen Vitaminmangel. Wenn er sonst fit ist, kein Fieber hat und auch normal frisst, kannst man versuchen ihm Honig zu verabreichen. Meist mögen unsere Vierbeiner das süße Zeug sogar sehr gerne und schlecken es ohne weiteres von unserer Hand. Dies hat den Vorteil, dass sich der zähere Schleim, der sich bei einer Bronchitis bildet, leichter abgehustet werden kann. Auch solltest Du darauf achten, dass der Hund es schön warm hat, keiner Zugluft und Nässe ausgesetzt wird und mehr Ruhe hat. Es ist halt ähnlich wie bei uns.

Lässt sich der Hund einpacken, dann kuschel ihn ruhig in eine Decke, auch ein Schal um den Hals gibt Wärme und hilft. In der Apotheke kann man sich auch einen schleimlösenden Hustensaft kaufen, z.B. Bisolvon und ihn dem Hund verabreichen, was sie aber nicht so gerne mögen. Auch Husteel Tropfen auf homöopathischer Basis bringen Linderung.

Inhalieren mit heißem Wasser wäre auch ganz gut, aber nur die wenigsten Hunde lassen diese für sie ungewöhnliche Therapie mit sich machen. Wenn doch, dann nimmt eine Schüssel mit heißem Wasser ohne Zusätze, ein Tuch über den Kopf Deines Hundes und lasse ihn ca. fünf Minuten die Wasserdämpfe einatmen. Man kann auch den Hund ins Badezimmer bringen, wenn dort ein Erkältungsbad vor sich hin dampft. Man muss dann allerdings aufpassen, dass unser Hund nicht zu lange den Dämpfen durch die ätherischen Ölen ausgesetzt ist, weil diese auch wieder die Schleimhäute, insbesondere der Nase reizen können.

Sollte sich aber innerhalb von drei Tagen keine Besserung einstellen, sich vorher Fieber einstellen oder sich sein Zustand verschlimmern, dann bitte möglichst bald zum Tierarzt. Auch hier ist es wie bei uns Menschen: wenn die Verursacher der Bronchitis Bakterien oder Viren sind, sollte der Arzt helfend eingreifen und diese Infektion bekämpfen.

Eine weitere Möglichkeit wäre kolloidales Silber einzusetzen (siehe Beschreibung am Buchende)

Zur Beachtung: Husten kann auch ein Hinweis auf eine ernste Erkrankung, wie ein Herzleiden, eine Lungenerkrankung oder eine Schilddrüsenerkrankung sein.

Auch die gefürchtete Staupe zeigt sich durch Husten und Fieber. Also ist Dein Hund nicht gegen diese geimpft, so solltest Du unbedingt sofort einen Tierarzt hinzuziehen, denn Staupe kann tödlich verlaufen oder schwerwiegende, lebenslängliche Schäden bei Deinem vierbeinigen Schützling hinterlassen.

Fremdkörper im Atmungstrakt

Es passiert auch immer mal wieder, wenn auch selten, dass sich Dein Hund eine Granne oder ein Zweigstückchen eingefangen hat. Dies verursacht, wenn es in der Nase ist, heftiges Niesen; in der Luftröhre oder am Kehlkopf hartnäckigen Husten. Daran solltest Du denken, wenn die Beschwerden ganz plötzlich auftreten. Die Behandlung ist ganz einfach, wenn auch die Durchführung der Behandlung sich schwierig gestalten kann, je nachdem wie tief der verursachende Fremdkörper sitzt. In der Tierarztpraxis wird Deinem Vierbeiner mit speziellen Instrumenten geholfen, indem der Fremdkörper entfernt wird.

Kehlkopfentzündung

War Dein Hund erkältet, kann er leicht eine Kehlkopfentzündung zurückbehalten. Meistens in den Fällen, wo der vierbeinige Patient auch gerne kläfft. Hierbei wird der Hustenreiz so nervend, dass er bis zum Erbrechen führt. Ansonsten ist Dein Hund aber absolut fit. Hier kannst Du nur warten, bis die Entzündung abklingt und Deinem Hund durch hustenreizdämpfende Mittel diese Zeit erleichtern. Diese Phase kann sehr langwierig sein und Heilungserfolge stellen sich nur in kleinen Schritten ein. Eine weitere Möglichkeit wäre kolloidales Silber einzusetzen (siehe Beschreibung am Buchende)

Lungenentzündung

Eine Lungenentzündung gehört unbedingt in die Hand eines Tierarztes, also bitte keine Selbsbehandlungsversuche. Hierbei ist Dein Hund wirklich schwer erkrankt, er zeigt schwere und schnelle Atembewegungen, wobei er die Backen aufbläst. Er hat hohes Fieber, ist apathisch, müde und appetitlos. Eine Lungenentzündung kann als Folge einer unbehandelten Erkältung zustande kommen, aber auch durch Viren, Bakterien, Pilze oder Parasiten ausgelöst werden. Die Behandlung durch den Tierarzt wird durch entsprechende Medikamente erfolgen. Wir selber können unserem Hund nur helfen, indem wir ihn warm halten, ihm die nötige Ruhe verschaffen, ihm gehaltvolles Futter in kleineren Portionen anbieten und ihm liebevolle Zuwendung und täglich mehrmals Reiki geben. Wenn seine Nase durch das Sekret sehr verklebt ist, können wir ihm mit einem weichen, fusselfreien und mit Babyöl getränkten Lappen seine Nase vorsichtig abtupfen. Das Öl sollte aber nicht parfümiert sein.

Zwingerhusten

Hierbei handelt es sich um eine infektiöse Entzündung der Luftröhre und der Bronchien, die hochgradig ansteckend ist und daher auch unbedingt sofort behandelt werden muss. Sonst kann es eine gefährliche Lungenentzündung geben und die kann sogar den Tod des Hundes zur Folge haben. Da diese Erkrankung häufig Welpen und Junghunde betrifft, deren Abwehrsystem sowieso noch nicht so ausgereift ist, sollte man möglichst sofort einen Tierarzt zu Rate ziehen, wenn man auch nur den Verdacht auf Zwingerhusten hat. Dies ist immer dann zu bedenken, wenn der Hund aus einem Tierheim oder einem Tierhandel kommt.
Die Krankheitsanzeichen sind ein trockener, kurzer Husten, manchmal auch mit Nasenausfluss begleitet und leichtes Fieber. Mittlerweile gibt es Impfstoffe gegen diese Erkrankung und dies sollte man auch nutzen, insbesondere dann, wenn unser Vierbeiner häufig mit anderen Hunden zusammenkommt.

Reikibehandlung beim Hund

Hinter den Ohren, eine Hand auf den Kopf, die andere unter die Kehle, auf die Brust, Bauch, Rücken, Hüften und den Organen. Behandele auch direkt die Stellen, welche schmerzen, wie zum Beispiel eine Wunde Pfote.

Achte aber darauf, dass Du dem Tier dabei keine Schmerzen bereitest und die Hände wenigstens 10 bis 15 cm über den Verletzungen hälst.

Pferde und Kühe

Wie bei Hund und Katze, auch lahme Beine bei Pferden (über dem Verband), am Kopf hinter den Ohren und in der Mitte vorn über den Augen. Pferde nehmen Reiki sehr gerne über ihren Hals entgegen. Oft kommen bei Springpferden Probleme an der Wirbelsäule vor. Auch hier kann man direkt über der Wirbelsäule Reiki fließen lassen.

Zierfische und alle Tiere, welche im Wasser leben.

Bitte nicht herausnehmen und Reiki geben. Die Wiederbelebung würde sicherlich nach 10 Minuten Behandlung nicht mehr funktionieren. Solche Tiere bleiben in ihrem Element und werden von außerhalb behandelt.

Hier kann man seine Hände an das Aquarium legen und die Fische behandeln. Neben eingeschleppten Parasiten ist es enorm wichtig, dass das biologische Gleichgewicht des Aquariums überprüft wird. Achten Sie deshalb auch auf das Aussehen der vorhandenen Pflanzen. Zu viele Algen können durchaus das biologische Gleichgewicht aus der Bahn werfen.

Fischkrankheiten können sehr unterschiedliche Ursachen haben. Häufig sind Krankheitserreger die Auslöser, die mit Pflanzen oder Tieren in das Aquarium eingeschleppt werden.

Dies alleine ist aber noch nicht der Auslöser der Krankheit, zur Krankheit kommt es meist erst dann wenn der Fisch ein geschwächtes Immunsystem hat und daher anfällig für Zierfischkrankheiten wird.

Ein schwaches Immunsystem kann mehrere Gründe haben z.B:

Stress verursacht durch Transport, hektische / aggressive Gesellen
falsche Wasserwerte
falsche Fütterung, zu eintönig, oder einfach falsche Ernährung

Aus diesen Gründen ist es sehr wichtig die Lebensbedingungen so gut wie möglich zu halten z.B. durch:

die Vergesellschaftung von Fischen die auch wirklich miteinander klarkommen
Wasserwechsel und konstante und richtige Wasserwerte
abwechslungsreiche und nahrhafte / richtige Ernährung
genügend Rückzugsmöglichkeiten Verstecke für Fische (Stressvermeidung)

Weißpünktchenkrankheit, Ichthyophthirius multifiliis

Die Krankheit ist die wohl am häufigsten vorkommende Krankheit bei Zierfischen. Diese tritt meist bei Neuankömmlingen auf und wird meist durch Stress verursacht, da das Immunsystem bei Stress sehr geschwächt wird haben die Parasiten meist leichtes Spiel. Verantwortlich für diese Krankheit ist der Parasit Ichthyophthirius multifiliis dieser nutzt das geschwächte Immunsystem des Fisches aus und befällt ihn, deshalb spricht man auch von einem Schwächeparasiten.

Krankheitsdiagnose:

Die Diagnose ist meist recht einfach, die Fische haben im Anfangsstadium kleine weiße Pünktchen an den Flossen, später greifen die Pünktchen auf den ganzen Körper über wobei die Größe abhängig von der Fischgröße zwischen 0,5 und 1mm liegt. Schwierig ist die Diagnose bei Harnischwelsen, dort setzen sich die Wimperntierchen gerne in den Kiemen fest, da sie dort den wenigsten Widerstand haben, dadurch ist dem Fisch dann von außen nichts anzukennen. Man merkt lediglich das der Fisch etwas schwankt beim schwimmen, und wedelt auch häufig mit den Flossen. In den meisten Fällen bleibt die Krankheit bei Welsen jedoch unerkannt und führt sehr rasch zum Tod des Tieres.

Infektionswege, wie kommt es zur Krankheit

Es gibt mehrere Wege wie sich ein Fisch die Weißpünktchenkrankheit holen kann hier ein Überblick:
Neuzugänge bringen den Erreger in das Aquarium, diese Erreger verbreiten sich auf die anderen Fische die nicht genügend Abwehrkräfte haben um den Erreger zu besiegen.
Scheinbar gesunde Neuzugänge im Aquarium erkranken kurz nach dem einsetzen ins neue Becken. Diese Fische sind dann oft durch den Transport und zu kurzer Zwischenlagerung so geschwächt, dass sie

gegen den Erreger keine Chance haben. Oft kommt es auch vor, dass sich ein Erregerstamm bildet und die Krankheit auch auf Alteinsassen des Aquariums übergeht.

Durch einbringen des Erregers über Pflanzen, Steine, Wasser in das Aquarium, wenn diese aus einem anderen Aquarium stammen wo der Erreger war. Auch eine Übertragung des Erregers über die Hand, oder das Fischnetz ist möglich wenn an mehreren Aquarien gearbeitet wird.

Durch das versterben eines befallenen Fisches kann es sein das die Erreger den Fisch verlassen und ein dauerhaftes Nest im Bodengrund bilden, und dann durch Kontakt mit anderen Fisch auf diese übergreifen.

Krankheitsverlauf

Die Krankheit endet in vielen Fällen tödlich für das Tier, vor allem Salmler sind sehr empfindlich und können schon Stunden nach dem Befall des Parasiten daran sterben. Der Parasit gräbt sich nach dem Befall in die Fischhaut ein und nährt sich dann vom Fischgewebe, dementsprechend schnell geht dann die Vermehrung. Es kann auch passieren das eine Mehrfachinfizierung durch den Parasiten ausgelöst wird, denn durch die Schwächung des Immunsystems des Fisches wird er natürlich auch anfällig für andere Infektionskrankheiten und Parasiten.

Bekämpfung des Ichthyo

Hier führ gibt es mehrere Methoden um den Parasiten los zu bekommen, nicht jede ist für jeden Fisch geeignet. Hier mal ein Überblick:

Die Salzbehandlung

Die Salzmethode ist vor allem bei sehr schwachem Befall der Fische sehr zu empfehlen, und ist auch sehr erfolgversprechend. Vorsicht bei Salmlern, Welsen und Wirbellosen, diese vertragen meist eine Aufsalzung des Wassers nicht, hier sollte eine andere Methode gewählt werden.

Durch die Zugabe von Salz in das Aquariumwasser lösen sich die äußeren Schleimhäute der Fische, und damit meist auch die Ichthryo - Parasiten. so wird eine Weiterverbreitung der Krankheit verhindert.

Diese Methode ist vor allem bei lebendgebärenden Zahnkarpfen sehr geeignet, da diese den Salzgehalt im Wasser sehr gut vertragen.

Die Temperaturmethode

Der Parasit stirbt bei einer Temperatur von ca. 30-31 °C ab. dies kann man sich zu Nutze machen um den Parasiten los zu bekommen. Die Anhebung der Temperatur ist aber nicht ebi allen Fischen möglich, da diese solche Temperaturen nicht verkraften, dann ist es anzuraten die Wassertemperatur um ca. 3-4 °C anzuheben, und gleichzeitig die Salzmethode anzuwenden, dadurch kann die Behandlungsdauer mit der Salzmethode verkürzt werden, da der Parasit sich schnell vermehrt und schneller in das Schwärmerstadium kommt.

Bei Fischen bei denen die Temperatur von 30-31 °C kein Problem ist (z.B. Diskus) sollte man in mehreren Etappen abgestuft die Temperatur sehr langsam auf das Niveau heben, und dann abwarten bis der Parasit nicht mehr zu sehen ist.

Bei dieser Methode ist zu beachten

- Durch die Temperaturanhebung sinkt der Sauerstoffgehalt im Wasser und der Sauerstoffbedarf der Fische steigt, deshalb sollte für ausreichend Belüftung des Aquariums gesorgt werden.
- Das Absenken der Temperatur sollte noch viel langsamer von Statten gehen wie die Erhöhung.

Der Stoffwechsel der Fische wird bei höheren Temperaturen angeregt, deshalb sollten diese während der Behandlung großzügig gefüttert werden, um das Immunsystem nicht noch zusätzlich zu schwächen.

Umsetzungsmethode
Bei den Umsetzungsmethode wird der befallene Fisch alle 12 Stunden in ein anderes frisch befülltes Becken umgesetzt, bei jedem Umsetzen in ein anderes Aquarium lässt er in diesem wieder Parasiten zurück, bis keine mehr vorhanden sind, bzw. wenige die der Fisch dann selber noch besiegen kann.
Die Behandlung kann zwischen 5 Tagen und einer Woche betragen.

Zu beachten ist
Man benötigt mindestens 2 frisch befüllte Becken, die Aquarien sollten mit abgestandenem Wasser befüllt werden, das fast die gleichen Wasserwerte wie das Ausgangswasser hat.

Man braucht ausreichende Belüftung in diesen Becken. Die Temperatur des Wassers in den Becken muss ident sein +- 1 °C
Sparsam Füttern und das Wasser nicht zu belasten.

Medikamentöse Behandlung
Die Medikamentöse Behandlung ist meist sehr effektiv aber auch aggressiver als alle anderen Methoden.

Zur Behandlung bitte die Anleitung des jeweiligen Medikaments befolgen.

NICHT BEI SPEISEFISCHEN ANWENDEN!

Gute Medikamente sind: Sera Costapur, Sera Costamed, JBL Punktol, Esha Exit

Fischschimmel / Verpilzungen

In jedem Aquarium sind Pilze vorhanden die Pilze haben die Aufgabe z.B. den Kot der Fische abzubauen. Im Normalfall können sich die Pilze nicht an den Fischen festsetzen.

Ursache für Fischschimmel
Die Ursache für den Fischschimmel sind die Pilze die sich in allen Aquarien befinden. Wenn der Fisch nun eine Verletzung an den Schleimhäuten hat, so ist dieser nicht mehr gegen die Sporen der Pilze geschützt und die Sporen können sich an den verletzen Schleimhäuten festsetzen. Der Pilz nährt sich dann vom Fischgewebe und wächst.

Vermeidung des Fischschimmels / Vorbeugung

Wenn es z.B. bei Übersiedlung oder Transporten zu Verletzungen kommt, sollte man die Fische vor dem Einsetzen in ein Aquarium behandeln. Am besten eignen sich Wasseraufbereiter die eine Schutzschicht über die verletzte Schleimhaut legen wie z.B. Sera Aquatan. Schnell versiegelt der Wasseraufbereiter die Schleimhaut des Fisches.

Wenn es sich um eine tiefere Verletzung handelt ist es wichtig die Wunde auch zu desinfizieren.

Behandlung der Verpilzungen

Die Produkte im Handel sind sehr wirksam gegen die Verpilzungen. Bitte beachten Sie genau die Anleitung der Produkte um Schäden an den Fischen zu vermeiden und um eine erfolgreiche Behandlung durchzuführen.

Vögel

Viele Vogelhalter machen den fatalen Fehler, den Käfig oder die Voliere ihres kleinen Lieblings so mit Spielzeug zuzustellen, dass für den Bewegungsfreiraum selbst kein Platz mehr bleibt. Zudem empfehlen Experten eine Volierenhaltung eher als eine Käfighaltung. Doch auch dies ist von der jeweiligen Vogelart abhängig. Die Mindestmaße, welche man als Vogel- und Tierliebhaber unbedingt einhalten sollte, sind bei jeder Art unterschiedlich.

Auch der Standort des Vogels spielt eine nicht so ganz unwichtige Rolle. Bei Vögeln, die in den Tropen beheimatet sind, sollten es mindestens 15 Grad Celsius sein, bei anderen Vögeln fünf bis zehn Grad. Außerdem muss darauf geachtet werden, dass der Standort trocken ist, der Vogel durch den Standort keinen Zug bekommen kann und auch keinem Frost ausgesetzt wird. Besonders Papageien werden nicht allzu gerne im Wohnraum gehalten und deswegen bedarf es bei der Auswahl ihres Standortes äußerste Sorgfalt.

In der Voliere oder im Käfig selbst sollte der Vogel ausreichend Sitzstangen vorfinden, doch es soll ihm auch möglich sein, sich im Käfig noch zu bewegen. Damit der Vogel etwas zum Nagen hat, kann man ihm Obst- und Weidenzweige hereinlegen. Das Beschäftigungsmaterial sollte nicht gesundheitsgefährdend sein. Viele Tiere baden außerdem gerne und schätzen es, wenn der Halter ihnen eine kleine Badeschale in den Käfig stellt. Vögel wollen auch mal ungestört und vor den Blicken der Menschen geschützt sein. Ideale Rückzugsmöglichkeiten bieten hier Sichtblenden und Schlafkästen.

Auch die Hygiene spielt bei der richtigen Käfighaltung eine wichtige Rolle. Mindestens ein Mal in der Woche sollte der Käfig deswegen einer gründlichen Reinigung unterzogen werden, damit sich der Vogel wohl fühlen kann. Und auch ein abwechslungsreiches Futterangebot darf nicht fehlen

Handelt es sich um einen handzahmen Vogel kann man den Vogel in der Hand halten oder die Hände an den Vogelkäfig legen und Reiki fließen lassen. Letzteres ist besonders bei fremden Vögeln anzuraten, denn es wäre ein zusätzlicher Stress für das Tier von einer wildfremden Person festgehalten zu werden. Bei handzahmen Vögel lasse ich den Vogel oft von seinem vertrauten Besitzer festhalten (meistens in der Rückenlage, da der Vogel dadurch ruhig gestellt wird) und gebe dann dem Vogel Reiki. Wenn es sich bei dem Vogel um einen Papagei handelt, denken Sie bitte daran, dass ein Papagei Ihnen mit Leichtigkeit einen Finger abbeißen kann. Auch hier ist es deshalb sinnvoller, den Papagei im Käfig zu lassen und von außen Reiki in den Vogelbauer zu schicken.

Französische Mauser beim Wellensittich

Wellensittiche sind die Vogelgattung, welche am meisten von der Französischen Mauser betroffen sind. Aber auch Nymphensittiche oder andere Vögel, die zu den Sittichen zählen, wie in etwa die Papageien, können diese Krankheit bekommen. Jedoch ist die Französische Mauser in ihrem Auftreten bei den Wellensittichen deutlich schlimmer.
Je nach Alter und Art des Wellensittichs, kann die Französische Mauser akut oder chronisch auftreten. Vom akuten Verlauf sind hauptsächlich Nestlinge anfällig. Nachdem sie sich infiziert haben, dauert es lediglich eine Woche, bis die Krankheit bei ihnen ausbricht und sie die üblichen Symptome – Zittern, Schwäche und Appetitlosigkeit – zeigen.

Aber auch Verfärbungen der Haut bis hin zu gelb, Blutungen in der Unterhaut sowie an den Federfollikeln werden nicht selten beobachtet. Wenn sich Nestlinge mit der Französischen Mauser anstecken, sterben sie bereits früh. Die Sterberate bei Wellensittichen liegt bei 100 %, bei anderen Sittichen ist sie weitaus geringer.

Beim chronischen Verlauf der Französischen Mauser infizieren sich ältere Nestlinge oder bereits ausgewachsene Wellensittiche. Die Wellensittiche müssen nicht sterben, sondern tragen das Virus ihr Leben lang mit sich herum. Anzeichen für einen chronischen Verlauf ist der ständige Verlust von Federn. Auch nach der Mauser verlieren sie ihre Schwanz- und Schwungfedern. Dadurch können die Vögel nicht mehr fliegen. Deshalb werden sie nach dem Ausbrechen der Französischen Mauser häufig auch nur noch „Renner" oder „Hopser" genannt. Dennoch behalten sie ihre Lebensfreude, wenn sie auch mit einer Behinderung leben müssen.

Erkannt und diagnostiziert werden kann die Französische Mauser von einem Arzt. Hilfreich bei der Erkennung sind DNA-Bluttests oder Federtests, sowie ein Kloakenabstrich. Wenn ein Wellensittich an der Französischen Mauser leidet, sollte man bedenken, dass dieser Virus ansteckend ist. Um zu vermeiden, dass sich auch andere Wellensittiche damit infizieren, sollte man den erkrankten Vogel in einen getrennten Käfig setzen.

Zwar ist die Französische Mauser nicht heilbar, doch man kann den Vogel unterstützen, indem man den Käfig umbaut. Dem Vogel sollten nun mehr Stangen, Leitern oder Bretter zur Verfügung stehen, da er jetzt flugunfähig ist. Damit der erkrankte Vogel nicht so alleine sein muss, kann man einen zweiten Renner besorgen und die beiden zusammen in einen Käfig setzen.

Um ein langjähriges Weiterleben des Sittichs zu garantieren, sollte man alles tun, um sein Immunsystem zu unterstützen. Der Vogel darf sich jetzt auch nicht alleine fühlen und braucht Zuwendung. Tägliche Reikigaben können hier sehr hilfreich sein.

Zootiere

Tiere die im Zoo leben sind in der Regel wilde Tiere. Man sollte hier grundsätzlich nur mit Fernreiki arbeiten und auch dies nur mit Absprache der Pfleger.
Auch Tiere haben ein höheres Selbst, welches man durchaus fragen kann, ob Reiki gewünscht wird oder eben nicht. Dies geschieht, indem man mental dem höheren Selbst die Entscheidung überlässt, Reiki anzunehmen oder abzulehnen. Spürt man anschließend, dass Reiki fließt, so hat das höhere Selbst sich dafür entschieden, die Energie anzunehmen.

Die 5 Arten der Energieübertragung

1. Übertragung aus der Aura
Im Normalfall geben wir täglich Energie ab an Menschen und Tiere, welche sich in unserer Nähe aufhalten. Dies geschieht ohne bewusste Handlung oft einfach aus Liebe zu dem Menschen oder Tier welche unsere Nähe suchen. Allerdings gibt es auch Menschen und Tiere, welche ohne unsere Zustimmung Energie

aus unserer Aura abziehen. Merken Sie solche Energievampire ist der beste Schutz, ihnen einfach ganz bewusst Energie zu senden. Sie verbinden sich mit Reiki und stellen dem Menschen oder Tier die Energie zur freien Verfügung.

2. Übertragung durch unsere Hände

Diese Energieübertragung kennt jeder aus seiner Reikiausbildung, wo ganz bewusst über die Handchakren Energie übertragen wird. Allerdings geschieht dies auch bei nicht eingeweihten Personen ganz automatisch, man denke nur an das Handauflegen bei Zahnschmerzen auf die Wange oder auch Mütter, welche ihren Kindern instinktiv die Hand auf schmerzende Stellen legen. Auch unsere Tiere bekommen mit den Streicheleinheiten automatisch jede Menge Energie ab.

3. Energieübertragung durch die Fingerspitzen

Hierbei handelt es sich um eine verfeinerte Version der Energieübertragung durch die Hände – auch bekannt als Lasertechnik. Man bündelt dabei die Reikienergie und lässt diese dann durch die Fingerspitzen in die betroffenen Körperteile schießen.

4. Energieübertragung durch das Herzchakra

Hierbei handelt es sich nach meiner Auffassung um die reinste Form der Energieübertragung. Man nimmt über das Kronenchakra Energie auf und gibt diese dann über das Herzchakra wieder ab. Dies kann während einer Behandlung geschehen zusätzlich zu der Übertragung durch die Handchakren oder Lasertechnik, aber genauso auch während einer Fernübertragung in Verbindung mit den Symbolen oder aber auch einfach nur als alleinige Methode..

5. Telepathisch
Hierbei handelt es sich um Energieübertragung von einem zu einem anderen Ort. Wir kennen dies vom Fernreiki. Aber es kann auch unbewusst geschehen, z.B. per Telefon. Sie kennen das, ein Anruf vielleicht 30 Minuten und mehr wo jemand ohne dies bewusst zu wollen, uns Energie abzieht. Nach dem Anruf fühlen Sie sich dann total ausgelaugt, während es dem Anrufer gleich viel besser geht. Auch hier kann man sich schützen, indem man dem Anrufer ganz bewusst, durch Verbindung mit der Reikienergie diese wunderbare Energie Reiki zur Verfügung stellt.

Allgemeine Symptome

Abwehrschwäche (Immunschwäche)
Eine Störung des 4. Chakra (incl. Thymusdrüse) sowie eine Kommunikationsstörung zwischen dem 3. und 4. Chakra. Es können auch die Allergiemeridiane betroffen sein. Ebenso kann ein Mangel an Vitaminen und Spurenelemente vorliegen.
Behandlung
4. und 3. Chakra mit Reiki behandeln. Die Kommunikation zwischen dem 3. und 4. Chakra

wiederherstellen. Zusatzfutter (Vitamine, besonders Vitamin D sowie Zink und Natriumchlorid für die Stärkung der Abwehkräfte beifüttern)

Aktivität oder Überaktiv

Hier liegt ein Störung des 5. und 6. Chakra vor. Ebenso ist die Kommunikation zwischen dem 2. und 5. Chakra sowie 3. und 6. Chakra gestört. Es kann auch zusätzlich eine falsche Ernährung ursächlich sein.

Behandlung
Die Chakren ausgleichen, gegebenenfalls eine Umstellung der Ernährung vornehmen. Außerdem sollte man überprüfen, wie das Tier gehalten wird. Ist es vielleicht zu oft alleine? Kümmert man sich zuwenig um das Tier.

Inaktivität

Ebenfalls eine Störung des 5. und 6. Chakra. Nerven- und Kreislaufmeridiane können gestört sein. Es kann auch eine Mangelerscheinung im Mineralhaushalt vorliegen oder eine Durchblutungsstörung im Kopfbereich.

Behandlung
Reiki sollte also auch im Nackenbereich gegeben werden. Das Verhältnis des Besitzers zu seinem Tier kann ebenfalls Defizite aufweisen. In jedem Fall sollte ein Chakraausgleich gemacht werden. Vitamine (besonders Vitamin B1) und Spurenelemente sollten dem Fressen zugeführt werden.

Allergien

Körperliche Allergien

Störungen im 4. Chakra (Thymusdrüse) Es kann auch eine Fehlstellung der Wirbelsäule ursächlich sein. Häufigster Grund ist eine Unverträglichkeit des Futters – hier vor allem Dosenfutter. Eine Überprüfung auf Ungeziefer (Flöhe/Milben) sollte auf jeden Fall erfolgen.

Behandlung

Alle Chakren ausbalancieren wobei insbesondere das 4. Chakra behandelt werden sollte. Ansonsten eine Futterumstellung, darauf achten, dass das Tier nicht so oft alleine gelassen wird. Das Einreiben der betroffenen Stellen mit Leinöl kann auch versucht werden.

Seelische Allergien

Als Grund ist hier fast immer eine falsche Haltung des Tieres zu finden, oft alleine gelassen werden, bei Rudeltieren wurde oft keine Rangordnung beachtet. Gerade Rudeltiere erwarten von ihrem Rudelführer ein klares Konzept, klare Anweisungen mit anderen Worten Konsequenz. Auch Langeweile ist oft ursächlich. Füttern und Auslauf reichen oft nicht aus um seelische Schäden zu vermeiden. Auch Tiere benötigen eine Aufgabe welche sie erfüllen müssen.

Behandlung:

Oft hilft nur eine Ganzbehandlung einmal wöchentlich. Bei Rudeltieren bitte auch darauf achten, wie die Stellung des erkrankten Tieres innerhalb des Rudels ist. Notfalls muss man das Tier in ein anderes Rudel geben.

Ängstliche Tiere

Hier liegt oft eine Störung des 2. und 3. Chakras vor welche ausreichend mit Reiki versorgt werden sollten. Bei weiblichen Tieren, welche eine Unterleibsoperation hinter sich haben, ist zu beachten, dass die OP – Narbe immer ein Störfeld darstellt, sodass man hier auf beiden Seiten der Narbe die Hände auflegen sollte und Reiki fließen lassen muss. Das Futter sollte auch ausgetestet werden, ggf. ein anderes Futter wählen. Vitamin C Mangel kann ebenfalls ursächlich sein.

Behandlung
Ausgleich der Chakren (insbesondere 2. und 3. Chakra) Nerven- Kreislaufmeridian sowie den Dreifach Erwärmer aktivieren.

Apathie

Wahrscheinlicher Grund kann ein Zusammenbruch der Kundalini Energie sein. Unterschiedliche Blockaden der Chakren sind wahrscheinlich. Öfter kann auch ein Verlust (nach Todesfällen oder Scheidungen) Ursache sein.

Behandlung
Es sind mehrere Ganzbehandlungen von Nöten, auf jeden Fall 4 Behandlungen in Folge. Diese Tiere brauchen sehr viel Zuwendung durch ihren Besitzer.

Schonung der Gelenke

Oft haben sich die Tiere versprungen, es liegt also eine Zerrung vor. Untersuchen Sie zunächst die Pfoten auf Verletzungen. Bei Hunden sollte auch eine Hüftdysplasie (HD) in Betracht gezogen werden. Dabei handelt es sich um eine Verformung der Gelenkpfanne, sodass die Gelenkkugel keinen richtigen Halt mehr hat. Dies Tiere schonen oft zeigen aber nicht durch Schmerzlaute den vorhandenen Schmerz an. Ebenfalls könnte eine Quetschung eines Nerves im Wirbelsäulenbereich vorliegen.

Behandlung

<u>Alle</u> Glieder sollten mit Reiki versorgt werden. Ebenso können Sie die Wirbelsäule mit Reiki versorgen. Zu empfehlen wäre auch das Tier oft schwimmen zu lassen, da hierbei alle Muskel gestärkt werden und das Wasser ebenfalls eine heilende Wirkung hat.

Arterienerkrankung

Oft liegt eine Störung des 4. Chakras vor, ebenfalls ist die Kommunikation zwischen dem 1. und 4. Chakra gestört. Eine Überprüfung des Stoffwechsels sollte in die Wege geleitet werden.

Behandlung

Die Chakren sollten ausgeglichen werden.
Bei einer Stoffwechselerkrankung sollte eine Ernährungsumstellung vorgenommen werden, sowie eine Zufuhr von Vitaminen und Spurenelemente geschehen.

Arteriosklerose

Typisch für die Arteriosklerose sind die so genannten Anlaufschwierigkeiten. Diese Tiere schonen nach dem sie gelegen haben beim und nach dem Aufstehen. Die Schonung lässt aber nach ein paar Schritten nach und die Tiere bewegen sich wieder ganz normal.

Behandlung

Die Arteriosklerose ist nicht heilbar, aber mit Reiki auf dem 4. Chakra und den Gliedmassen kann Linderung herbeigeführt werden, weshalb eine regelmäßige Behandlung mit Reiki erfolgen sollte. Ebenso sollte der Calcium – Haushalt vom Tierarzt überprüft werden. Bewegung im kühlen Wasser kann ebenfalls schmerzlindernd für das Tier sein.

Asthma und Bronchitis

Oft liegt eine Störung des 1. und 5. Chakras vor. Mitschwingende Meridiane sind: Lymphe, Lunge und Organdegenration sowie der Allergiemeridian. Nieren und Leberwerte sollten vom Tierarzt ausgetestet werden.

Behandlung

Alle Chakren und Meridiane sollten mit Reiki ausgeglichen werden. Ebenfalls sollten die Leber und die Nieren ausreichend, d.h. bis das Tier weggeht mit reiki versorgt werden. Liegt ein Zinkmangel vor, sollte dieser ebenfalls durch Beimengungen im Futter behoben werden.

Erkältungen

Oft ist eine Störung des 4. Chakras sowie eine Disharmonie zwischen dem 5. und 6. Chakra vorhanden. Ebenso kommt ein Mangel an Vitaminen in Betracht, sowie eventuell auch eine Überforderung des Tieres verbunden mit zuviel Stress.

Behandlung

Das 4.Chakra und die Thymusdrüse sollten ausreichend mit Reiki versorgt werden. Ein vorhandener Mangel an Vitaminen (besonders Vitamin

C), Spurenelemente sowie Calcium muss ausgeglichen werden.

Augenprobleme

Es kann eine Störung des 5. und 6. Chakras vorliegen. Beteiligte Meridiane sind der Kreislauf- Nerven– und Lungenmeridian. Eine Verschiebung im Halswirbelbereich (C2 und C3) sollte auch in Betracht gezogen werden und vom Tierarzt überprüft werden. Ebenso sollte man das Gebiss auf kranke oder tote Zähne untersuchen, da diese oft ursächlich für Augenprobleme sind. Weitere Auslöser können ein Vitamin A Mangel oder Kobalt- Mangel sein.

Behandlung
Bei Augenerkrankungen sollte immer eine Reiki Ganzbehandlung erfolgen, da das Auge ein Spiegel der Seele des Tieres ist. So oft wie möglich sollte auch der Kopfbereich des Tieres mit Reiki behandelt werden. Sollten im Gebiss faule oder tote Zähne vorhanden sein, sind diese vom Tierarzt zu entfernen. Vitamine (vor allem Vitamin A) sollte dem Futter beigemengt werden.

Blutarmut/Anämie

Oft findet sich hierbei eine Störung im 4. und 5. Chakra. Ebenso muss das Gebiss auf tote oder faule Zähne überprüft werden. Auch eine Stoffwechselerkrankung oder eine Wirbelverschiebung im Bereich TH5 sollte ausgeschlossen werden können.

Behandlung
Da es sich hierbei um eine Langzeitbehandlung handelt sollte mindestens 5 Ganzbehandlungen angesetzt

werden. Alle Energiesysteme müssen ausgeglichen werden. Außerdem sollte das Tier öfter zum Schwimmen animiert werden.

Bauchspeicheldrüsen – Entzündung (Pankreas)

Kommunikationsdefizit zwischen dem 3. und 4. Chakra. Es kann auch eine Wirbelverschiebung im Bereich TH7 vorliegen. Ebenso ist oft ein Zinkmangel in der Nahrung ursächlich.

Behandlung

Das 3. und 4. Chakra sollte ausreichend mit Reiki versorgt werden. Eventuell ein Zinkbeigabe im Futter.

Entzündungen allgemein

Als Grund findet man hier oft eine Störung im 2. und im 4. Chakra, hin und wieder ist auch das 3. Chakra betroffen. Ebenso können Stoffwechselstörungen vorliegen welche dann Ablagerungen zur Folge haben.

Behandlungen

Ganz wichtig ist hier eine gute Erdung des erkrankten Tieres, damit Energien, welche zuviel vorhanden sind abfließen können. Ein Energieausgleich sollte auf jeden Fall vorgenommen werden. Achten Sie auf immer ausreichenden Trinkwasservorrat.

Ermüdung des Tieres

Hier liegt oft eine Unterfunktion des 2. und 5. Chakras vor. Überprüfen Sie auch die Haltung des Tieres. Oft liegt hier oder auch in der Ausbildung des Tieres der Grund.

Behandlung

Mehrmals in Folge sollte hier eine Ganzbehandlung erfolgen. Eventuell kann auch der Halter des Tieres etwas beim Umgang mit dem Tier ändern. Fehlende Aufmerksamkeit wäre ein solches Defizit.

Fettsucht

Die Fettsucht kommt meistens bei älteren Tieren vor, da diese weniger Bewegung haben und oft überfüttert werden. Diese Tiere haben einen langsameren Stoffwechsel als junge Tiere. Es kann auch eine Fehlfunktion der Schilddrüsen, Nebennieren oder der Geschlechtsdrüsen vorkommen.

Behandlung

Neben einer Reduzierung der Nahrung (auch Umstellung) sollte dem Tier ausreichend Bewegung zur Verfügung gestellt werden. Die Behandlung mit Reiki sollte das 5. Chakra, das 2. Chakra und das 4. Chakra umfassen.

Flohbefall

Ist ein Tier mit Flöhen befallen, kann sich die Behandlung als sehr schwierig herausstellen. Bedenken Sie dabei, dass oft nur ein Bruchteil der Flöhe auf dem Tier sitzt, während viele Flöhe sich im Umfeld des Tieres auf dem Boden oder in Ritzen aufhalten. Es reicht also nicht, das Tier selbst von Flöhen zu befreien sondern man muss auch das Umfeld von Flöhen reinigen. Hierfür gibt es einige gute Mittel im Handel zu kaufen. Vorsicht hierbei ist bei jungen Tieren geboten. Flöhe können Allergien auslösen und Bandwürmer übertragen.

Behandlung

Vorbeugend sollte man das Tier mit einer Teebaumlösung (Teebaumöl/Wasser Mischung 1:10) einsprühen. Ist das Tier bereits stark befallen, sollte man das Tier und seine Umgebung mit einem im Handel erhältlichen Mittel einsprühen. Außerdem kann man durch eine Reikibehandlung des 4. Chakra (Immunsystem) das Tier stärken.

Grauer Star

Diese Augenerkrankung auch Katarakt genannt kann angeboren sein oder auch mit zunehmenden Alter auftreten. Ebenso kann eine Stoffwechselstörung der Linse vorliegen oder als Ursache Diabetes in Frage kommen. Der Verlauf ist in der Regel schleichend. Erkennen kann man den grauen Star an einer Linsentrübung die als weißer Fleck auf der Pupille sichtbar ist.

Behandlung

Eventuell kann der Tierarzt durch eine Operation das Augenlicht retten. Eine Zufütterung von Vitamin E ist ebenfalls zu empfehlen. Bei einer Reikibehandlung sollten beide Augen, also auch das nicht betroffene Auge mit Reiki behandelt werden.

Haarausfall

Die meisten Tiere bekommen 2mal im Jahr ein neues Fell was ganz normal ist. Ich möchte hier näher auf haarlose Flecken im Fell außerhalb des Fellwechsels eingehen. Man muss grundsätzlich von 2 verschiedenen Ursachen ausgehen. Einmal kann die Ursache von außen kommen z.B. durch Pilzerkrankungen oder Flohallergien zum anderen kann die Ursache aber auch von innen kommen so z.B. durch Erkrankungen der Leber oder Niere, durch Nahrungsmittelallergien, bakterielle Infektionen, hormonelle Störungen oder Bandwurmbefall. Hinzu kommt noch die Tatsache, dass manche Tiere bei Stress unter starkem Haarausfall leiden.

Behandlung

Kommt die Ursache von Außen kann man die betroffenen Stellen direkt mit Reiki behandeln. Anschließend geben wir auf das 4. Chakra Reiki um das Immunsystem zu stärken. Ebenso ist es sinnvoll Heilerde auf die betroffenen Stellen zu reiben. Kommt der Haarausfall von Innen kann man nach dem Besuch des Tierarztes das 2. und 3. Chakra anschließend das 4. Chakra mit Reiki behandeln.

Harnträufeln

Diese Krankheit kommt sehr oft nach Kastrationen als Komplikation vor. Aber es kann sich dabei auch um eine Infektion der Harnwege handeln oder um eine Störung des Nervensystems.

Behandlung

Behandeln Sie mehrmals das 1. und 2. Chakra mit Reiki. Achten Sie darauf, dass der Schlafplatz des Tieres warm ist. Zusätzlich können Sie dem Tier 1 mal täglich das homöopathische Mittel Sepia D6 verabreichen.

Hüftgelenksdysplasie (HD)

Diese Krankheit kommt häufig bei großen Hunden vor. Dabei sitzt der Oberschenkelkopf nicht richtig in der Beckenpfanne. Dadurch kommt es zu Verschleißerscheinungen im Gelenk. Übergewicht, falsche Ernährung sowie übermäßige Beanspruchung fördern diesen Verschleiß.

Behandlung

Die HD ist unheilbar, aber wir können dem Tier mit Hilfe von Reiki auf den betroffenen Gelenken die Schmerzen erträglicher machen. Bedenken Sie, dass immer auch das nicht betroffene Gelenk mitbehandelt werden sollte. Ebenso hilfreich ist eine leichte Massage und eine Wassertherapie wobei das Tier keinesfalls überansprucht werden darf. Celsenium C200 4 – 5 Clobuli oder Arnica C 200 können ebenfalls die Schmerzen erträglich machen.

Mamakarzenom (oft bei Hündinnen)

Eine Störung des 3./4. und 5. Chakras ist oft ursächlich. Oft sind diese Geschwüre bereits im Vorfeld mit einen Tensor oder Pendel zu erkennen und somit leicht zu verhindern.

Behandlung

Behandeln Sie mehrmals in Folge die drei betroffenen Chakren. Hündinnen, welche bereits einen Wurf hatten sind eher seltener von dieser Krankheit betroffen.

Gehirntumore

Hier ist zu beachten, dass Tiere mit einem Gehirntumor urplötzlich aggressiv werden können, wenn der Tumor auf das Gehirn drückt und damit unermessliche Schmerzen verursacht. Dies kann insbesondere während eine Behandlung auftreten. Als Ursache kann von einem Zusammenbruch des gesamten Immunsystems ausgegangen werden. Insbesondere das 4. und 6. Chakra ist durch eine Störung nicht voll funktionstüchtig.

Behandlung
Das Immunsystem muss durch Ganzbehandlungen (so oft wie möglich) gestärkt werden. Der Schlaf- und Aufenthaltsplatz des Tieres sollte mit einer Reikidusche ausgestattet werden.

Gelenke vorne

Eine Störung im 5. Chakra sowie die Kommunikation zwischen dem 5. und 2. Chakra eventuell auch 3. Chakra ist wahrscheinlich. Der Säure-Blasen-Haushalt kann gestört sein (Artrose bei Anlaufschwierigkeiten) ebenso können faule oder tote Zähne ursächlich sein.

Behandlung
Die Energie der angegebenen Chakren ausgleichen. Ferner sollte zum Futter Vitamin A, Magnesium und Lysin hinzugemengt werden. Ebenso ist häufiges Schwimmen als Schmerzlinderung zu empfehlen.

Gelenke hinten

Oft sind die gleichen Chakren wie bei den Gelenken vorne betroffen. Schwerpunkt ist aber das 2. Chakra. Eine Wirbelverschiebung im L5-Bereich sollte ausgeschlossen werden können.

Behandlung
Hier muss die gleiche Behandlung wie bei den Gelenken vorne gemacht werden wobei das 2. Chakra auch mit dem 1. chakra ausgeglichen werden sollte.
Bitte beachten, dass immer beide Beine behandelt werden, auch wenn nur ein Bein betroffen ist.

Geschwulste (Adenome)

Oft liegen Störungen des 2. und 4. Chakras vor sowie natürlich der Stelle, an der das Geschwulst entstanden ist. Auch tote Zähne, Vergiftungen oder Pilze können eine Rolle spielen.

Behandlung

Zellregeneration und das Immunsystem müssen mit Reiki auf dem 2. und 4. Chakra gestärkt werden. Zusätzlich kann Vitamin B6 und Kieselsäure zugefüttert werden. Wenn Sie das Geschwulst direkt mit Reiki behandeln sollten Sie etwa 8 – 10 cm über dem Geschwulst mit Ihrer Hand bleiben.

Haut und Fellerkrankungen

Hier ist oft eine Störung des 2. Chakras als Ursache zu sehen. Sollte die Störung parallel mit einer allergischen Reaktion einhergehen kommt auch noch eine Störung des 5. Chakras in Frage. Auch eine Unverträglichkeit des Futters kann nicht ausgeschlossen werden. Überprüfen Sie auf jeden Fall, wie das Tier gehalten wird. Wie viel Aufmerksamkeit wird dem Tier entgegen gebracht?

Behandlung

Das 2. Chakra behandeln, im Bedarfsfalle auch das 5. Chakra behandeln und beide miteinander ausgleichen. Eventuell muss eine Futterumstellung (kein Dosenfutter) erfolgen. Eine Beimischung von Vitamin C und E, sowie Kieselsäure und ggf. Bierhefe ist zu empfehlen. Wenn es Defizite bei der Haltung des Tieres gibt, sollten diese sofort abgestellt werden. Ebenso kann man die kranken Stellen mit Leinöl einreiben.

Herzkrankheiten

Herzprobleme treten grundsätzlich durch eine Störung des 4. Chakras auf. Wenn es eine Blockade im 1. Chakra gibt, kommt von dort zuwenig Energie und stellt somit ebenfalls eine Ursache da, insbesondere deshalb, weil das Wurzelchakra für den Herzmuskel zuständig ist. Ferner ist oft die Kommunikation des 3. und 6. Chakras gestört. An heißen Tagen sollte überprüft werden, ob ein Wassermangel vorliegt. Ebenso muss der Blutdruck untersucht werden, ggf. auch ein Nierenversagen. Sie kennen sicher den Ausdruck: auf Herz und Nieren prüfen. Wie beim Menschen kann auch ein Verlust eines geliebten Menschen oder einfach Liebesentzug zu Herzproblemen führen.

Behandlung

Vom 4. Chakra ausgehend alle anderen beteiligten Chakren ausgleichen insbesondere auch das Wurzelchakra. Ausreichend Trinkwasser sollte dem Tier immer zur Verfügung stehen.

Hitzschlag

Leider kommt es immer wieder vor, dass vor allem Hunde bei heißem Wetter im Auto aufbewahrt werden. Dies kann für das Tier tödlich enden.

Behandlung

Hat ein Tier einen Hitzschlag erlitten (zu erkennen an Speicheln und Hecheln sowie einem heißen Kopf) muss das Tier sofort an einen kühlen Ort gebracht werden. Man kühlt das Tier mit kalten Umschlägen immer an den Beinen beginnend und am Kopf endend. Gleichzeitig kann man das 4. Chakra mit Reiki versorgen.

Infektionen /Viruserkrankungen

Hier liegt ein Ausfall des Immunsystems vor ebenso der Zellgeneration beziehungsweise der körperbildenden Kräfte. Ursächlich ist oft eine Blockade des 3. und 4. Chakras. Die Erkrankung setzt sich dort fest, wo die Kommunikation zwischen dem 4. Chakra zu einem anderen Chakra gestört ist. Es können alle Meridiane betroffen sein. Ebenso ein Problem im Wirbelsäulenbereich (TH8 und TH9)

Behandlung
Ganzkörperbehandlung mit Reiki, wodurch eine Stärkung des Immunsystems erreicht wird. Eventuell Vitamin C und Calcium zufüttern. Beachten Sie bei der Behandlung die Ansteckungsgefahr.

Katzenseuche

Die Katzenseuche wird durch den Erreger Parvovirus erzeugt und gehört zu den häufigsten Ursachen für das plötzliche Sterben von vor allem jungen Katzen. Die Katze hat heftige Bauchschmerzen, ist berührungsempfindlich bekommt Durchfall und Erbrechen, das Fell ist ganz stumpf. Der starke Kräfte- und Flüssigkeitsverlust führt sehr schnell zu einem bedrohlichen Zustand der Katze. Die Katze magert sehr schnell ab und sucht sich einen ruhigen Platz zum Sterben. Grundsätzlich sind Einzelgängerkatzen gefährdeter als Rudelkatzen.

Behandlung
Nachdem die erkrankte Katze tierärztlich versorgt wurde können Sie mit Reiki auf die Chakren 3 und 4 der Katze helfen. Ebenso kann der wilde Indigo helfen als Baptista D6 über mehrere Tage mehrmals täglich verabreicht.

Katzenschnupfen

Katzenschnupfen wird durch verschiedene Viren verursacht und kann durch eine zusätzliche Infektion durch Bakterien einen komplizierten Verlauf nehmen. Die erkrankten Katzen niesen viel und haben in der Regel einen wässrigen Ausfluss aus der Nase. Durch das hohe Fieber wirkt die Katze apathisch und elend.

Behandlung

Hier sollte zunächst der Kopf- und Halsbereich mit Reiki versorgt werden, anschließend das 4. Chakra (Immunsystem) Zusätzlich kann man der Katze Belladonna D12 4 bis 6 mal täglich über mehrere Tage verabreichen. Auf jeden Fall sollte die Katze schnellstmöglich zum Tierarzt gebracht werden.

Knochen (Knochenwucherungen)

Eine Störung im 5. Chakra (Calciumhaushalt). Beteiligt sind zudem die Chakren, in deren Einzugsgebiet eine Knochenwucherung auftritt. Eine Knochenwucherung tritt nur dann auf, wenn das 5. Chakra (Knochenmarksteuerung) schwach ist und gleichzeitig eine Störung des 4. Chakras (Zellregenration) vorliegt. Zusätzlich kann es zu Störungen im 1. und 6. Chakra kommen. Häufige Ursache ist auch ein Bewegungsmangel, der je nach Tierart unterschiedlich ausgeprägt ist.

Behandlung

Alle betroffenen Chakren müssen ausbalanciert werden, die betroffenen Wucherungen sollten ebenfalls mit Reiki versorgt werden. Achtung: Vitamin D, A, sowie Jod können die Wucherungen steigern.

Krämpfe

Oft ist eine Blockade des 1. Chakras hierfür als Ursache festzustellen (Parasympathicus/Sympathicus. Ist das 4. Chakra ebenfalls blockiert, kann es zu Allergien und Durchblutungsstörungen kommen. Liegt eine Schwächung der Wirbelsäulenmuskulatur vor, kann es außerdem zu Verschiebungen der Wirbelkörper kommen. Tote Zähne, Allergien und Vergiftungen führen ebenfalls oft zu Krämpfen. Ebenso können Übersäuerung, Magnesium-, Natrium- und Calciummangel zu Krämpfen führen.

Behandlung

Das 1. Chakra öffnen und die Kommunikation zu den anderen Chakren herstellen. Mangelerscheinungen beheben, hier insbesondere Kalium, Calcium, Magnesium und Natrium.

Krebs

Hier liegt immer eine Blockade des 4. Chakras vor, wobei aber alle anderen Chakren ebenfalls betroffen sein können, hauptsächlich das 5. und 6. Chakra.

Behandlung

Um Krebs behandeln zu können benötigen Sie sehr viel Zeit. In der Regel sollte täglich eine Ganzbehandlung (ab 2. Reikigrad auch mit dem Heilungssymbol auf den Krebs) stattfinden. Ebenso sollte eine Reikidusche über dem Schlafplatz des Tieres installiert werden. Tierhalter, welche erst in den 1. Reikigrad eingeweiht sind, sollten das Tier in einen Heilkreis (der Reiki-Verband-Deutschland e.V. hat einen speziellen Tierheilkreis) einstellen lassen.

Lähmungen

Oft findet sich hier eine Störung des 6. Chakras und des Nervenmeridians vor oder auch eine Störung des 5. Chakras (Knochenmark) Es kann aber auch eine Lähmung als Folge eines Unfalles vorliegen.

Behandlung

Das 5. und 6. Chakra sollte ausgiebig mit Reiki versorgt werden. Ebenso die Glieder, in denen die Lähmung auftritt. Tritt Besserung ein, sollte das Tier öfter mal im Wasser schwimmen, hierbei bitte schonend vorgehen.

Lebererkrankungen

Eventueller Grund kann eine Störung es 3. Chakras sein mit einer Kommunikationsstörung zum 4. und 5. Chakra. Die Wirbelsäule sollte im Bereich Th4 und Th5 überprüft werden. Zu fettes Futter sollte ebenfalls vermieden werden

Behandlung

Die betroffenen Chakren mit Reiki ausbalancieren. Die Leber sollte direkt mit Reiki behandelt werden. Bei der Ernährung ist vor allem auf Eisen, Vitamin B2 und Vitamin A zu achten.

Lungenerkrankung

Es kann eine Störung des 4. und 5. Chakra vorliegen

Behandlung

Die gestörten Chakren mit Reiki behandeln. Das Tier viel an der frischen Luft im Rahmen seiner Möglichkeiten bewegen.

Magen- Darmbereich

Krämpfe im Bauch

Es kann ein Störung zwischen dem 1. und 2. Chakra vorliegen, ebenso sollte das 3. Chakra behandelt werden. Der Vitamin- und Mineralstoffhaushalt muss überprüft werden.

Behandlung

1.und 2. Chakra ausgleichen, ggf. Eine Behandlung des 3. Chakra. Eine Umstellung des Futters sollte ebenfalls in Betracht gezogen werden. Ebenso muss die Haltung des Tieres überprüft werden, da auch ein chronischer nervöser Magen ursächlich sein kann.

Verstopfungen (chronisch)

Akute Verstopfungen können passieren, wenn ein Tier zu viel Trockenfutter gefressen hat. In diesem Falle muss dem Tier sehr viel Trinkwasser zur Verfügung gestellt werden. Bei chronischen Verstopfungen sollte Trockenfutter möglichst gar nicht gefüttert werden. Häufig findet sich hier eine Störung im 2. und 3. Chakra vor. Ursächlich ist hier oft eine Angst der Seele. Beteiligte Meridiane sind: Dickdarm, Nieren, Nerven und Lymphe. Ebenso sollte die Nahrung auf Vitamin- und Mineralstoffmangel (Calcium, Kupfer) hin überprüft werden.

Behandlung

20 Minuten Reiki auf das 2. und 3. Chakra geben.

Durchfall (chronisch)

Chronischer Durchfall findet sich oft bei ängstlichen Tieren wobei das 3. Chakra gestört ist. Ebenso kann ein Natriummangel als Ursache vorkommen. Jungtiere sollten auf jeden Fall schnellstmöglich dem Tierarzt vorgestellt werden, da durch starken Durchfall das Tier austrocknen kann.

Behandlung

Das 3. Chakra sollte ausgiebig mit Reiki versorgt werden. Ebenso muss die Haltung des Tieres überprüft werden, ggf. auch die Haltung bei einem eventuellen Vorbesitzer. Ab dem 2. Reikigrad kann man Reiki zurück in die Situationen schicken, die dem Tier Angst gemacht haben (traumatische Erlebnisse)

Darmentzündungen (Verbunden mit Krämpfen)

Es kann eine Störung des 3. Chakra vorliegen (vorne und hinten) oder sogar eine Störung des 4. Chakra (Immunsystem) Fast alle Meridiane der Bauchorgane sind betroffen.

Behandlung

Der gesamte Bauchbereich sollte mit Reiki versorgt werden insbesondere aber das 3. und 4. Chakra. Außerdem kann eine Umstellung der Ernährung in Betracht gezogen werden.

Muskeln und Muskelschwund

Neben Störungen im Mineralstoff- und Vitaminhaushalt kann eine Blockade des 1. Chakra vorliegen. Ebenso sollte ein Bewegungsmangel in Betracht gezogen werden.

Behandlung

Das 1. und 4. Chakra sollte ausreichend mit Reiki versorgt werden. Ebenso muss der Mineralstoff- und Vitaminhaushalt ausgeglichen werden. Hilfreich ist auch eine Bewegungs- und Wassertherapie wobei man es nicht übertreiben darf sondern einen langsamen Aufbau vorziehen sollte.

Nerven

Bei nervösen Tieren liegt die Ursache oft in der falschen Haltung bzw. dem falschen Umgang mit dem Tier (Stress). Tiere benötigen genau wie wir Menschen eine sinnvolle Aufgabe welche den Bedürfnissen des jeweiligen Tieres angepasst werden sollten. Es muss darauf geachtet werden, dass die Einzelhaltung eines Rudeltieres ebenso ursächlich sein kann. Es können alle Chakren betroffen sein, insbesondere aber das 3. und 6. Chakra.

Behandlung

Das 3. und 6. Chakra sollte mit Reiki versorgt werden aber auch eine Ganzbehandlung muss in Betracht gezogen werden wenn das Tier durch sein Verhalten dies signalisiert. Auf jeden Fall muss die Haltung und der Umgang des Tieres überprüft werden.

Epilepsie

Es liegt eine Störung des 6. Chakra (vorne und hinten) vor. Diese besteht hauptsächlich darin, dass in verschiedenen Gehirnbereichen unterschiedliche Spannungen entstehen, die zu Entladungen führen und die epileptischen Anfällen auslösen. Zusätzlich können das 4. und das 5. Chakra betroffen sein.

Behandlung

Der gesamte Kopfbereich, insbesondere aber das 6. Chakra (vorne und hinten) müssen mit Reiki versorgt werden. Ab dem 2. Reikigrad kann das Heilungssymbol verbunden mit dem Verstärkungssymbol eingesetzt werden. Ebenso ist es sinnvoll, eine Reikidusche über dem Schlafplatz des Tieren ein zu richten.

Ohrenprobleme/Blutohr

Die häufigste Ursache für Ohrenprobleme sind kleine Plagegeister (Milben). Hier sollte eine regelmäßige Kontrolle durch den Tierhalter angeraten werden. Sollte dieser Milben feststellen, so kann dies beim Tierarzt oder Tierheilpraktiker behandelt werden. Aber auch mit Hilfe von Reiki kann diese Behandlung unterstützt werden, da oft eine Störung zwischen dem 5. Chakra und dem 6. Chakra den Befall begünstigt. Außerdem kann auch eine Blockade des 4. Chakra (Durchblutungsstörung) vorkommen sowie eine Störung des 2. und 3. Chakra (Stoffwechselstörung) was zu einer Verdickung der Körperflüssigkeiten (Blut, Lymphe) führt. Ohrenprobleme können auch durch eine nicht ausgeheilte organische Krankheit in der Vergangenheit herrühren.

Behandlung

Zunächst sollten hier ein Ausgleich aller Chakren im Kopfbereich vollzogen werden. Anschließend muss auch das 4. Chakra für die Selbstheilungskräfte mit Reiki versorgt werden. Das Auflegen der Hände auf beide Ohren kann gemacht werden, solange dies das Tier nicht stört.

Parasiten

Durch Blockaden ist hier oft eine zu schwache Energie im 2. Chakra, dem 3. Chakra und dem 4. Chakra festzustellen. Vom Tierarzt sollten organische Schwächen in der Leber, den Nieren und im Darmbereich abgeklärt werden. Auch eine falsche

Haltung des Tieres schwächt die Abwehrkräfte und gibt somit Parasiten einen Nährboden.

Behandlung

Äußerlich kann man durch Einreibung mit verdünntem Teebaumöl die Parasiten bekämpfen. Innerlich kann man Knoblauch unter das Futter mischen. Die Abwehrkräfte des Tieres sollten durch eine Behandlung des 4. Chakra gestärkt werden. Die Entgiftung erfolgt über das 2. und 1. Chakra. Die Haltung des Tieres sollte tiergerecht in Ordnung gebracht werden.

Pilzerkrankungen

Oft findet man hier eine Schwächung in den Chakren 2, 3, 4 und 6 sowie in den Organen des Verdauungs- und Ausscheidungstraktes. Die Erkrankung kann durch falsches Futter begünstigt werden. Eine weitere Ursache können schlechte oder tote Zähne sein.

Behandlung

Die betroffenen Energiesysteme sollten mit Reiki versorgt werden insbesondere das 4. Chakra. Knoblauch kann dem Futter beigemengt werden. Vermeidung von Aas (totes Fleisch) bei der Fütterung kann ebenfalls hilfreich sein.

Reisekrankheit (Übelkeit beim Autofahren)

Hier liegt eine Störung der Körperchemie vor. Eine Schwächung des 3. Chakra sowie eine Kommunikationsstörung zwischen dem 5. und 6.Chakra.

Behandlung

Die betroffenen Chakren aktivieren und ausgleichen. Das Tier kann mit Resuce /Notfalltropfen behandelt werden. Ebenso bewährt haben sich Arnica D1000

Tropfen, welche einfach auf das Kronenchakra getröpfelt werden.

Schmerzen

Hier sind nicht Schmerzen gemeint, welche durch äußere Einflüsse wie Unfall oder Schläge hervorgerufen werden, sondern Schmerzen deren Ursachen nicht genau bekannt sind. Bedenken Sie bitte, dass Tiere chronische Schmerzen in der Regel nicht durch Schmerzlaute bekannt geben, sondern diese oft nur an der Körpersprache des Tieres erkannt werden können. In der Regel muss man von Störungen in allen Chakren ausgehen. Also müssen auch alle Chakren behandelt werden. Ich möchte an dieser Stelle auf die einzelnen Ursachen der jeweiligen Chakren eingehen:

1. Chakra: Verkrampfung und/oder Verspannung
2. Chakra: der Säure- Blasen Haushalt muss gestärkt werden.
3. Chakra: Das Sonnengeflecht ist überspannt, die Verdauung bzw. die Verbrennung der Speisen ist gestört.
4. Chakra: steht für eine lieblose Haltung des Tieres
5. Chakra: eine Fehlsteuerung des Rückenmarks woraus eine überhöhte und falsche Schmerzvermittlung resultieren kann.
6. Chakra: Oft eine Fehlspannung zum Hirnstamm dadurch eine falsche Schmerzreizübermittlung zwischen Groß- und Kleinhirn
7. Chakra: zu wenige Energie im gesamten Körper

Behandlung
Man sollte alle Chakren beginnend beim 1. Chakra nach oben hin behandeln. Es sind in der Regel mehrere Behandlungen nötig, da sich die Besserung nur

langsam einstellt. Bedenken Sie, dass Narben gleich Störfelder sind und separat behandelt werden müssen. Arnica D1000 in Tropfenform können ebenfalls bei der Linderung der Schmerzen helfen.

Schwäche allgemein

Ein geschwächter Energiehaushalt hat als Ursache oft Blockaden im 1. und im 7. Chakra. Eine Viruserkrankung oder Entzündung im Körper sollte vom Tierarzt ausgeschlossen werden.

Behandlung

Es sollte möglichst an 4 Tagen in Folge eine Ganzbehandlung vorgenommen werden, wobei insbesondere auf das 1. und 7. Chakra zu achten ist. Achten Sie auf eine eventuell nötige Futterumstellung. Gleichfalls sollte dem Tier langsam mehr Bewegung im Idealfalle im Wasser angedeiht werden. Ebenso ist es wichtig, Vitamine und Mineralien dem Futter beizumengen.

Schwindelanfälle

Hier sollten 3 Möglichkeiten zunächst vom Tierarzt abgeklärt werden: 1. eine Fehlfunktion innerhalb der Ohren, 2. Untersuchung auf Gehirntumor, Untersuchung auf Stoffwechselstörung. Desweiteren kann eine Unterfunktion des 5. und 6. Chakra vorliegen.

Behandlung

Behandeln Sie das 5. und 6. Chakra mit Reiki ebenso beide Ohren.

Nieren- und Nierenbeckenentzündung

Es liegt eine Störung des 2. und 4. Chakra vor.

Behandlung
Versorgen Sie beide Chakren mit Reiki ebenso beide Nieren durch direktes Handauflegen. Insbesondere die Aktivierung des 4. Chakra ist hier sehr wichtig (Selbstheilungskräfte).

Prostata

Oft findet sich hier eine Störung des 1. und 4. Chakra sowie eine Unterbrechung zum 6. Chakra. Auf jeden fall sollte die Prostata vom Tierarzt untersucht werden.

Behandlung:
Das 4. Chakra muss gestärkt werden, die Kommunikation zum 1. Chakra wiederherstellen und anschließend die Kommunikation zum 6. Chakra.

Verletzungen, Verstauchungen, Wunden

Eine Behandlung von Verletzungen oder Verstauchungen sollte Reiki prinzipiell erst nach einer Erstversorgung durch den Tierarzt als Zusatztherapie angewendet werden. Achten Sie dabei auch auf sich selbst, da verletzte Tiere oft aggressiv sein können. Ist die Wunde so tief, dass diese genäht werden muss, sollten Sie das Tier innerhalb von maximal 4 Stunden dem Tierarzt vorstellen.

Behandlung
Behandeln Sie die Verletzungen oder Verstauchungen direkt mit Reiki, wobei Sie die Hände nicht unmittelbar auf die Verletzung legen sollten (etwa 10 cm Abstand halten) Weiterhin sollte das 4. Chakra mit Reiki versorgt werden (Immunsystem) Bei kleineren Verletzung kann auch zusätzlich Heilerde aufgetragen werden.

Verhaltensstörungen

Verhaltensstörungen können entweder angeboren sein oder aber schlechte Erfahrungen und ungünstige Lebensumstände gerade in der Prägungsphase des Tieres (meistens die ersten 6 Monate) als Ursache gesehen werden. Die Folge kann einerseits übertriebene Angst oder aber auch Aggressivität sein. Ebenso kann das Tier sich extrem launisch zeigen (siehe auch Trauer).

Behandlung

Geben Sie ausreichend Reiki auf das 3. Chakra ebenso über das Kronenchakra. Auch das mehrmalige Ausstreichen der Aura vom Kopf bis zum Schwanz kann hier schon einen Erfolg bringen. Es gibt sicherlich viele homöopathische Mittel welche in einer Hochdosierung ebenfalls eingesetzt werden können. Diese sollten aber je nach Verhaltensstörung verschieden verabreicht werden, so dass Sie hier auf jeden Fall einen Fachmann zu Rate ziehen sollten. Dies gilt auch ebenso für den Einsatz von Bachblüten. Immer sollte das Umfeld des Tieres überprüft werden, da viele Verhaltens- und Wesensmängel durch falsche Haltung verursacht oder gefördert werden. Es ist enorm wichtig, dass der Tierbesitzer sich extrem viel mit einem solchen Tier beschäftigt. Ich schätze alleine dadurch den Heilungserfolg auf über 70 % ein.

Würmer/Verwurmung

Grundsätzlich muss davon ausgegangen werden, dass alle Tiere mit Auslauf als gefährdet gelten. Wir kennen Spul-, Haken- und Bandwürmer. Würmer können bereits mit der Muttermilch übertragen werden, oder durch das Aufnehmen von Kot oder verunreinigtes

Futter. Auch wenn kein direkter Wurmbefall im kot erkennbar ist, kann es dennoch sein, dass ein Tier unter Wurmbefall leidet. Achtung: Ansteckungsgefahr

Behandlung

Neben den im Handel üblichen Entwurmungsmitteln sollten Sie das Tier im 2. / 3. und 4. Chakra mit Reiki versorgen. Sehr gute Erfahrungen wurden auch mit Knoblauchzugaben im Futter gemacht. Ebenso hilfreich ist das Mittel: Abrotanum D1 3mal täglich über 10 Tage lang verabreicht. Sehr wirksam ist auch Wurmfarnwurzelpulver 5 bis 12 g. allerdings sollte hier nach spätestens 2 − 3 Stunden ein Abführmittel nachgereicht werden, da die abgetöteten Würmer sonst in Giftstoffe zerfallen und den Körper zusätzlich schwächen können.

Bandscheibenvorfall (Dackellähme)

Oft ist hier eine Energieschwächung in der betroffenen Region voraus gegangen. Auch das 1. Chakra kann beteiligt sein. Achten Sie bei der Dackellähme auf regelmäßigen Kot- und Harnabsatz da es durch den Nervenschaden zu Darm- und Blasenlähmung kommen kann.

Behandlung

Behandeln Sie die betroffene Region mit Reiki und zusätzlich das 1. und 2. Chakra. Oft kann auch das homöopathische Mittel Gelsenium C200 (4–5 Globuli) sehr hilfreich sein. Ebenso ist hier eventuell eine Magnetfeldtherapie angesagt.

Zeckenbefall

Zecken lassen sich auf ihre Opfer fallen um Blut zu saugen. Sie können durch ihren Biss Entzündungen hervorrufen und Infektionen übertragen.

Behandlung

Drehen Sie die Zecke mit einer Spezialzange (im Handel erhältlich) aus der Haut. Aufbringen von Öl oder Alkohol veranlasst die Zecke, ihren Speichel mit den Erregern auszuspucken und sollte deshalb keinesfalls gemacht werden. Stärken Sie das Immunsystem indem Sie ausreichend Reiki auf das 4. Chakra geben. Ebenso sollten die Lymphdrüsen mit Reiki versorgt werden (Lyme – Borreliose)

Zysten

Ursache ist oft eine Schwäche im 4. und 5. Chakra. Von dieser Schwäche geht eine Störung des Lymphsystems aus, aber auch der Kreislauf und die dazugehörenden Meridiane der Verdauungs- und Ausscheidungsorgane sind betroffen. Die Folge sind dann Stoffwechselstörungen die zu einer Verdickung der Lymphe führen können. Zysten bilden sich immer dort, wo ein Energiemangel herrscht.

Behandlung

Alle Chakren sollten mit Reiki versorgt werden und alle energetischen Schwachstellen insbesondere. Es ist auf eine Balance innerhalb des Mineralstoff- und Vitaminhaushalt zu achten.

Trauer bei Verlust

Oft kann man beobachten, dass Tiere extrem trauern. Sei es, dass ein Tier aus dem Rudel stirbt oder aber der

Besitzer. Man kann beobachten, dass ein Vogel (Wellensittich, Papagei usw.) aber auch andere Tiere bis hin zum Tod trauern, wenn ein geliebter Partner nicht mehr da ist. Das Tier frisst nicht mehr, nimmt keine Flüssigkeit mehr auf und reagiert nicht mehr auf äußere Reize.

Behandlung
Diese Tiere benötigen in der Trauerphase sehr viel Aufmerksamkeit. Täglich reichhaltige Reikigabe ist hier oberstes Gebot. Auf keinen Fall dürfen diese Tiere in den ersten Wochen alleine gelassen werden. Notfalltropfen können ebenfalls sehrgute Ergebnisse erzielen. Sie können sich folgende Bachblüten auch zusammenstellen lassen: Aspen, Centaury, Honysuckle, Olive und Wild Rose.

Bachblütenbehandlung

 Bei erfordert der Einsatz von Bachblütenessenzen ein genaues Beobachten des Tieres, ein liebevolles Sichhineinversetzen in die Situation und die Psyche des Tieres und natürlich auf die Haltung und Umgebung des Tieres.

Bach betrachtet Krankheit als "ein Werkzeug, dessen sich unsere Seele bedient, um uns auf unsere Fehler hinzuweisen, um uns daran zu hindern, mehr Schaden anzurichten und uns auf den Weg der Wahrheit und des Lichts zurückzubringen, von dem wir hätten nie Abkommen sollen." In seinem Werk "Heal Thyself" stellt er die Behandlung und Heilung sehr stark in die Eigenverantwortlichkeit des Patienten. Um dieses Sichverstehen und dieses An-sich-arbeiten zu unterstützen und zu bekräftigen, entwickelte Bach seine Blütenessenzen. Er arbeitete 38 negative Seelenzustände heraus, die durch die Behandlung mit den Essenzen von 38 Pflanzen "Hinwegschmelzen wie Schnee in der Sonne".

Ein Grundsatz der Bachblütentherapie lautet: "Behandle die Persönlichkeit und nicht die Krankheit". Die körperliche Erkrankung wird im Zuge der positiven Entwicklung des Charakters von selbst geheilt. Wenn man diese Liste der 38 Bach-Blüten studiert, fällt auf, dass kaum solche Pflanzen enthalten sind, die wir als "Heilpflanzen" kennen und verwenden. Aber Bach verwendet diese Pflanzen ohnehin nicht wegen ihrer heilsamen Inhaltsstoffe, sondern sie verkörpern bestimmte Charaktereigenschaften des Patienten, an denen er arbeiten soll. Dabei helfen die Essenzen. Der Ausdruck "Essenz" ist nicht im stofflichen Sinne gemeint, beispielsweise chemisch betrachtet als "stofflicher Auszug", sondern im geistigen Sinne. Das Wesen der 38 Pflanzenarten geht in die jeweilige Essenz über und hilft heilen. Das Bach-Zentrum in England distanziert sich entschieden von der Einführung weiterer Pflanzen in die Therapie. Auch Mischungen betrachtet man mit Vorbehalt, außer den so genannten "Notfalltropfen", von denen noch die Rede sein wird. Man kann allerdings bei gleichzeitigem Vorliegen mehrerer Krankheiten und Verhaltensstörungen bis zu sieben verschiedene Essenzen anwenden.

Die Essenzen gibt es in den so genannten "Stockbottle", einer Vorratsflasche, zu kaufen; sie sind praktisch unbegrenzt haltbar.

Nun die einzelnen Bachblüten

Agrimony

Findet Anwendung bei Tieren die ruhelos und unsicher sind, bei denen man in ihrer Handlungsweise eine gewisse Widersprüchlichkeit feststellt. Es sind unausgeglichene, unruhige Tiere, mit der Neigung Ängste hinter Spiel und Spaß zu verbergen.
Effekt dieser Bachblüte:
Sie sorgt für inneren Frieden, Ruhe und Heiterkeit

Aspen

Sollte bei Angst Verwendung finden. Ihr Tier hat Angst in der Nacht, Angst bei Lärm, Angst vor allem was es nicht kennt
Effekt dieser Bachblüte:
Sie gibt dem Tier Mut bei Unvorhergesehenem

Beech

Ihr Tier stellt die Haare hoch und fühlt sich belästigt. Es ist eher ein aggressives Tier, ist leicht erregbar.
Effekt dieser Bachblüte:
Es wird toleranter gegenüber Artgenossen

Centaury

Das Tier will von seinem Mensch geliebt werden. Es sind sehr gutmütige Tiere, mit Verlust der Fähigkeit, die eigenen Eigenschaften zum Ausdruck zu bringen. Es ist extrem unterwürfig mit dem Wunsch seinem "Herrn" alles Recht zu machen mit anderen Worten ein devotes Tier
Effekt dieser Bachblüte:
Sie hilft dem Tier stark zu werden

Cerato

Sollten Sie anwenden, wenn das Tier unsicher und unentschlossen ist. Es fehlt an Selbstvertrauen, möchte anderen gefallen und richtet sein Verhalten danach, was die Menschen von ihm erwarten.

Sie hilft dem Tier sicher und klug zu werden

Cherry Plum

Tiere zeichnen sich durch weite Pupillen, Raserei und gewalttätige Impulse aus. Für angespannte, stets in Stresssituationen stehende Tiere.
Effekt dieser Bachblüte:
Vertrauen lernen und innere Ruhe wird durch diese Bachblüte gefördert

Chestnut Bud

Ist für konzentrations- und lernschwache Tiere. Diese Tiere wirken zerstreut, machen stets die gleichen Dummheiten und Fehler.
Effekt dieser Bachblüte:
Das Tier lernt Aufmerksamkeit und Konzentration

Chicory

Für Tiere, die sehr besitz - ergreifend sind und alles für sich vereinnahmen. In einer Tiergemeinschaft können sie nicht teilen und wollen alles für sich in Anspruch nehmen.
Effekt dieser Bachblüte:
Es lernt Zurückhaltung und Anpassung an das Rudel

Clematis

Ist das Mittel für motivationslose, desinteressierte und passive Tiere. Sie wirken abwesend und verträumt.

Das Tier lernt sich wieder für die Umwelt zu
interessieren.

Crab Apple

Für Tiere mit übertriebenem Reinlichkeitsbedürfnis. Es
empfindet sein Aussehen als störend. Fühlt sich nicht
wohl in seiner Haut, weil es sich als unrein empfindet.
Es kann vorkommen, dass sich solche Tiere oft selbst
wund beißen.
Effekt dieser Bachblüte:
Das Tier lernt seinen Putzzwang in den Griff zu
bekommen.

Elm

Für Tiere mit geringem Selbstvertrauen und innerer
Sicherheit. Die Tiere verausgaben sich in dem Wunsch,
alles perfekt haben zu wollen. Sie verweigern
womöglich ihre Mahlzeit, wenn sie nicht genau so
zubereitet ist, wie gewünscht, oder schlafen nicht, wenn
die Decke nicht so liegt, wie erwartet.
Effekt dieser Bachblüte:
Das Tier lernt seine Neigung zum Perfektionismus in
normale Bahnen zu lenken.

Gentian

Für misstrauische und übervorsichtige Tiere. Sie sind
leicht entmutigt, wenn es dem Tier nicht gleich gelingt,
was man von ihm erwartet neigt es zu entmutigten
Rückfällen.

Effekt dieser Bachblüte:
Sie stärkt den Optimismus

Gorse

Für Tiere mit geringem Lebenswillen, nach schwerer Erkrankung mit Erschöpfung, bei Hoffnungslosigkeit. Es mangelt ihnen an Antrieb. Das Tier schafft es nicht, das zu tun, was man von ihm verlangt oder macht es ohne Begeisterung. Auch nach Verlusten (Tod des Besitzers)
Effekt dieser Bachblüte:
Die Tiere erhalten eine positivere Einstellung

Heather

Für Tiere mit hohem Zuwendungsbedürfnis, die damit schon lästig und aufdringlich werden. Sie neigen zur Selbstbezogenheit. Sie sind sehr besitzergreifend und wollen immer an erster Stelle stehen.
Effekt dieser Bachblüte:
Sie lernen zu teilen und zu akzeptieren, passen sich im Rudel besser an.

Holly

Für Tiere, welche zu heftiger Wut, Hass, Angriffslust, Misstrauen und Eifersucht neigen.
Effekt dieser Bachblüte:
Sie lernen zu lieben und bekommen ihre Neigungen besser in den Griff und werden insgesamt ruhiger.

Honeysuckle

Für Tiere die unter Heimweh leiden, Tiere mit wenig Lebensfreude, sie kommen mit Veränderungen nicht klar. Sehnsucht nach Vergangenem macht ihnen zu schaffen. Sie können sich nur schwer an ein neues Heim gewöhnen, können mit dem plötzlichen Verlust eines Menschen der nicht mehr da ist klarkommen. Sie sind mit ihrer Lebenssituation überfordert. Oft findet man die Eigenschaften bei Welpen oder Jungtieren
Effekt dieser Bachblüte:
Sie gibt ihnen die Lebhaftigkeit und Gegenwärtigkeit wieder.

Hornbeam

Für erschöpft wirkende und unmotivierte Tiere. Sie leiden unter Morgenmüdigkeit, an mangelndem Mut und können nach einem Unfall, oder einer Krankheit keinen normalen Rhythmus aufzunehmen.
Effekt dieser Bachblüte:
Wiedererlangung der bewussten Wahrnehmungsfähigkeit

Impatiens

Für nervöse, leicht reizbare Tiere. Sie sind ungeduldig und unbeherrscht. Alles wollen sie sofort. Die Augen sind lebendig, aber überspielen eine leichte Ängstlichkeit.
Effekt dieser Bachblüte:
Sie lernen sich zu beherrschen und geduldig zu werden.

Larch

Für Tiere mit mangelndem Selbstvertrauen. Sie haben
Furcht zu versagen. Sie sträuben sich vor Anstrengung
und sind schlecht zu motivieren.
Effekt dieser Bachblüte:
Das Tier erlernt neues Selbstvertrauen.

Mimulus

Für ängstliche und überempfindliche Tiere. Sie haben
Angst vor geschlossenen Räumen oder Angst vor
konkreten Dingen: laute, zischende Geräusche,
bestimmten Farben, lauten Stimmen, Kindergeschrei,
Gewitter, anderen Tieren.
Effekt dieser Bachblüte:
Sie bekommen ein Gefühl des Wohlbehagens und
Sicherheit

Mustard

Für launische und unausgeglichene Tiere. Sie neigen
ohne erkennbaren Grund, oder Krankheit zu plötzlichen
Depression, schlechtem Appetit und allgemeiner
Interesselosigkeit. Sie wirken niedergeschlagen und
sind launisch.
Effekt dieser Bachblüte:
Geduld ausgeglichenes Gemüt, inneren Frieden

Oak

Für unermüdliche Tiere die sich meist verausgaben. Sie
sind tapfer und mutig und geben nie auf, auch wenn es

ihnen schlecht geht. Die Tiere sind oft überaktiv.
Effekt dieser Bachblüte:
Das Tier lernt Offenheit gegenüber anderen zu zeigen
und sich helfen zu lassen.

Olive

Für kraftlose und oft müde Tiere. Nach völliger
Erschöpfung nach einer lang andauernden Krankheit,
oder ungünstigen, schwererträgliche Situationen für das
Tier.
Effekt dieser Bachblüte:
Aktiviert die Selbstheilungskräfte unterstützt eine
Reikibehandlung.

Pine

Für unsichere und unterwürfige Tiere. Sie leiden unter
Schuldgefühlen, wenn zu Hause dicke Luft ist. Selbst
wenn sie an dieser Situation unschuldig sind verziehen
sie sich ganz verschämt in eine Ecke, so als ob sie der
Schuldige wären.
Effekt dieser Bachblüte:
Sie lernen Verantwortung zu übernehmen.

Red Chestnut

Für übertrieben, fürsorglich und bemutternde Tiere. Sie
sind ständige in Sorge um den Herrn. Sie zeigen
deutlich ihre Sorge, durch Nervosität, wenn der Herr
nicht zur gewohnten Zeit nach Hause kommt.
Effekt dieser Bachblüte:
Verbesserung der Kontaktfreudigkeit

Rock Rose

Für Tiere die häufig Angstzustände und panikartiges Verhalten zeigen, oder Todesangst hatten. Tiefsitzende Panikgefühle nach Unfällen und schrecklichen Erlebnissen sowie Traumata
Effekt dieser Bachblüte:
Macht ihnen wieder Mut, gibt ihnen Lebensmotivation

Rock Water

Für Tiere mit eingefahrenen Gewohnheiten. Sie lassen sich nur sehr schlecht anfassen sind eher scheue Tiere
Effekt dieser Bachblüte:
Gibt ihnen die innere Ruhe zurück.

Scleranthus

Für Tiere mit extremen Stimmungsschwankungen. Bei Nachwirkungen von Schocks aller Art, auch bei weit zurückliegenden Ereignissen.
Effekt dieser Bachblüte:
Bringt ihnen Ruhe und inneren Frieden

Star of Bethlehem

Für psychisch und körperlich geschockte Tiere. Bei jeder Art von körperlichen und seelischen Qualen und Verletzungen.
Effekt dieser Bachblüte:
Sorgt für Ausgleich, Stabilität und innere Ruhe

Sweet Chestnut

Für erschöpfte, an der Grenze der Belastbarkeit stehende Tiere. Verzweifelte, meist in Käfigen gehalten Tiere, oder Tiere aus Tierheimen die vergeblich auf eine neues Herrchen warten.
Effekt dieser Bachblüte:
Sie bringt die Fähigkeit zur Veränderung wieder, erhöht die Lebensfreude

Vervain

Für übertrieben, eifrige und dickköpfige Tiere. Sie sind lebhaft, anspruchsvoll und haben einen eisernen Willen.
Effekt dieser Bachblüte:
Sie lernen Offenheit und Toleranz. Die Tiere finden ihre innere Ruhe wieder

Vine

Für den kleinen dominanten Haustyrannen. Es sind Tier die sehr herrschsüchtig sind, sich nicht unterordnen wollen. Sie halten ohne Probleme die ganze Familie auf Trab, was das Tier damit ja auch bezwecken will
Effekt dieser Bachblüte:
Macht aus ihm einen einfühlsameren Hausbewohner.

Walnut

Für unsichere Tiere mit Schwierigkeiten bei allen Veränderungen. Sie haben Schwierigkeiten, Veränderungen zu ertragen. Ein Umzug, eine Kastration, Krankheit ungewohntes Futter verunsichern

das Tier.
Effekt dieser Bachblüte:
Es lernt Anpassungsfähigkeit

Water Violet

Für einzelgängerische und unnahbare Tiere. Sie sind zurückhaltend und ruhig, reserviert, Stolz und unabhängig. Sie sind nicht aufdringlich, sie warten, bis man sie rufen und kommen erst dann, oder wenn sie Hunger haben.
Effekt dieser Bachblüte:
Das Tier lernt seine Freude auch nach außen zu zeigen.

White Chestnut

Für konzentrationsschwache und unsichere Tiere. Sie sind ängstlich, beunruhigt. Das was das Tier beunruhigt, lässt es nicht mehr los.
Effekt dieser Bachblüte:
Geistige Ausgeglichenheit

Wild Oat

Für intelligente Tiere ohne Durchhaltevermögen. Sie neigen zur Unfähigkeit das zum Ausdruck zu bringen was sie wollen
Effekt dieser Bachblüte:
Das Tier wird entscheidungsfreudiger.

Wild Rose

Für depressiv erscheinende Tiere ohne Lebenswillen.
Sie resignieren und sind apathisch. Kapitulieren vor der
Krankheit, mobilisieren nicht die eigenen Kräfte um
gesund zu werden.
Effekt dieser Bachblüte:
Sie lernen wieder Selbstsicherheit.

Willow

Für schlecht gelaunte und mürrische Tiere. Sie sind
sehr nachtragend, schnell beleidigt. Glauben sich
vernachlässigt und nicht geliebt. Schlechte Erfahrungen
vergessen sie nicht.
Effekt dieser Bachblüte:
Das Tier lernt verzeihen und die ihm zugedachte
Anerkennung zu genießen

Resuce /Notfalltropfen

Bestehen aus:
Cherry Plum, Clematis, Impatiens, Rock Rose, Star of
Bethlehem:
Sie finden in allen Schock und Unfallsituationen
Anwendung und deshalb sollte jeder Tierbesitzer die
Resuce Tropfen im Hause haben. Manche Apotheken
mischen auch die Notfalltropfen nach Vorgaben. Hier
kann man dann sich eigene Tropfen passend zu
unseren Tieren zusammenstellen lassen.

Reiki - Behandlung durch eine Dusche

Da ich des Öfteren erstaunt gefragt werde „ was ist das, wie geht das ", wenn ich diese Behandlungsweise vorschlage, versuche ich hier einmal, obige Behandlungsart zu beschreiben.

Ich bereite mich vor wie zu einer Fernreiki-Behandlung.

Ich nehme mit dem Tier Kontakt auf und frage es (sein Unterbewusstsein), ob es eine Reikidusche haben möchte. Wenn die Zustimmung kommt, dann hole ich das Tier mir vorsichtig und liebevoll in meine Hände (wie bei Fernreiki).

Ich begrüße es nett und höflich und erzähle ihm, dass ich ihm Reiki über eine Dusche zur Verfügung stellen werde, von dem es bzw. sein Körper sich Reiki zapfen kann, wann immer es will bzw. braucht und soviel, wie es braucht.

Dann bitte ich Reiki, dem Tier ein Depot zur Verfügung zu stellen und es aufzufüllen.

Dann stelle ich mir eine Blase (halt die Dusche) vor, die über dem Körper des Tieres schwebt immer an der Stelle, wo sich das Tier oft aufhält.

Jetzt lasse ich ganz einfach Reiki ca 15 - 30 Minuten in diese Blase (Depot) fließen (nicht zu dem Tier!!!).

Reiki fließt in diese Dusche genauso, wie zu einem Tier direkt (man merkt es auch genauso; man merkt auch, wenn das Depot voll ist).

Wenn das Depot nun voll ist, bedanke ich mich bei Reiki; sage dem Tier, dass ich fertig bin, dass es sich von der Dusche bedienen darf. Dann beende ich ganz normal die Sitzung.

Diese Variante der Reiki-Gabe hat die Vorteile, man kann sie

a) zu jeder Zeit (auch vorher schon) und zu jedem Anlass geben und

b) nicht immer zu dem Tier hinfahren muss um es zu behandeln sondern Reiki dem Tier stets zur Verfügung steht. Die Dusche sollte aber keinesfalls die normale Behandlung ganz ersetzen sondern immer nur eine Notlösung darstellen.

Dies ist nur eine Art Grundgerüst. Man kann auch noch Varianten einbauen (z.B. das 2. Symbol mit Mantra in die Dusche legen, anschließend das 1. Symbol).

Reikieinweihungen bei Tieren

Sicher lich ist dies ein sehr heißes Thema gehen doch die Meinungen hierbei von Lehrer zu Lehrer sehr weit auseinander. Ich selbst habe einen Kater von mir in den 1. Reikigrad eingeweiht. Warum habe ich dies getan? Nun mir ist aufgefallen, dass dieser Kater, obwohl körperlich und seelisch offenbar gesund immer wieder kam und nach Reiki verlangt hat. Meine Idee war nun, dass durch eine Einweihung der eventuell nicht richtig funktionierende Kanal harmonisiert und geöffnet wird. Dies habe ich dann getan und siehe da, der Kater kommt seitdem nur noch ganz sporadisch um Reiki zu erhalten. Ich habe dabei es dem höheren Selbst des Katers überlassen, die Einweihung anzunehmen oder abzulehnen. Auf keinen Fall sollte man ein Tier zwingen. Steht das tier während der Einweihung auf und läuft weg, so ist dies als Zeichen zu werten, dass keine Einweihung von dem Tier gewünscht wird. In meinem Falle blieb der Kater ruhig liegen, bis ich fertig war. Geschadet hat es dem Kater auf keinen Fall. Erst recht kann man ein sehr krankes Tier einweihen damit Reiki immer fließen kann. Es sollte nicht geschehen, damit man dem Tier keine Reikigabe mehr zu geben braucht. Bei der Einweihung selbst habe ich lediglich mit einer einzigen Einweihung in den ersten Reikigrad den Kanal geöffnet.

Fazit für mich: Auch Tiere können Blockaden im Reikikanal bekommen welche man sicherlich durch eine Reikibehandlung des Tieres lösen kann. Aber es gibt Ausnahmefälle, wo durch eine Einweihung dem Tier geholfen werden kann indem die Blockaden dauerhaft beseitigt werden können. Schaden wird eine Einweihung dem Tier sicherlich auf keinen Fall.

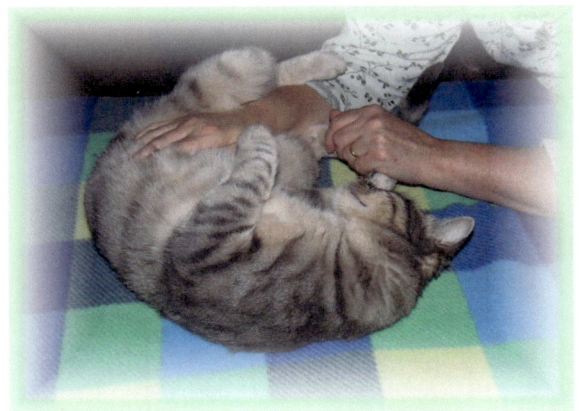

Kolloidales Silber

Lange bevor die Pharmaindustrie Antibiotika erfand, hielt die Natur für den Menschen das beste und wirkungsvollste Mittel gegen Viren, schädliche Bakterien und Pilze bereit: Kolloidales Silber.

Die Natur hilft

Solange es Menschen gibt, gibt es auch ein Mittel, das buchstäblich gegen jeden bekannten Keim, jedes den Menschen "böswillig" besiedelnde Bakterium, jeden angreifenden Virus und auch gegen den schleichenden Feldzug der Pilze gerüstet ist: **Kolloidales Silber.**

Viren und Bakterien greifen um sich

Pilze, Bakterien, Viren greifen unser Immunsystem an. "Heimtückische Killer", denen unser ohnehin schon geschwächtes Immunsystem machtlos ausgeliefert ist. Positiv stellt sich diese Situation nur für die Industrie dar, die mit vorbeugenden Schutzimpfungen Milliarden verdient und mit Antibiotika noch ein paar hundert Millionen obendrauf.

Jedes Jahrhundert neue Epidemien

Was würden wir Menschen tun, wenn es Antibiotika nicht gäbe? Würden wir millionenfach dahinraffen, wie in den vergangenen Jahrhunderten, in denen jedes "seine" spezielle Seuche hatte?

Das elfte Jahrhundert hatte den Ergotismus (ausgelöst durch schimmligen Roggen, was zu Mutilation, Krämpfen und Veitstanz führte); das zwölfte Jahrhundert die Pocken- und Blatternepidemien; das dreizehnte Jahrhundert die Lepra, das vierzehnte Jahrhundert die Pest, das fünfzehnte Jahrhundert die Syphilis, das sechzehnte Jahrhundert die Ruhr, das siebzehnte Jahrhundert die Tuberkulose, das achtzehnte Jahrhundert den Typhus, das neunzehnte Jahrhundert die Cholera und das zwanzigste schließlich - ja was? Aids? Oder Krebs, der sich im 20. Jahrhundert mehr als verzehnfacht hat?

Heute jedoch scheinen die Viren außer Rand und Band zu geraten - Ebola und Hanta sind zu Schreckenswörtern geworden, die Vogelgrippe wird gegenwärtig zum "bösen schwarzen Mann" stilisiert, und Krankheiten wie Milzbrand sind so schrecklich, dass sie als Terrorismuswaffe Verwendung finden.

Kolloidales Silber: Ein Krieger gegen alle Killer?

Doch die Angst ist eigentlich unbegründet. Nicht, weil es Antibiotika gibt - nein. Vergessen wir nämlich nicht, dass die vorschnelle Abgabe von Antibiotika dazu geführt hat, dass immer mehr Erreger dagegen immun geworden sind. Zudem eliminiert ein Antibiotikum neben vielleicht einem Dutzend verschiedener Krankheitserreger - auch eine Vielzahl der guten Bakterienstämme im Darm und fügt auf diese Weise dem Immunsystem eine erhebliche Schwächung zu.

Kolloidales Silber - wirksam und frei von Nebenwirkungen

Kolloidales Silber tötet ca. 650 verschiedene Krankheitserreger innerhalb von sechs Minuten ab. Dabei greift es keine einzige lebensnotwendige Bakterie im Körper an, sondern nur die aggressiven Mutanten. Kolloidales Silber zeigt dabei nicht nur überhaupt keine Nebenwirkungen, es unterstützt sogar gleichzeitig das Immunsystem, statt es, wie Antibiotika, zu schwächen.

Es steht nicht in Konflikt mit irgendeiner anderen Medikation und führt auch nicht zu Magenbeschwerden; im Gegenteil, es ist eine Verdauungshilfe. Es brennt nicht in den Augen, und Medizinjournal-Berichte und dokumentierte Studien der letzten hundert Jahre sprechen von keinerlei Nebenwirkungen durch oral oder intravenös verabreichtes kolloidales Silber, weder beim Menschen noch beim Tier.

Kolloidales Silber genau betrachtet

Doch was genau ist kolloidales Silber? "Kolloidpartikel sind die kleinsten Teilchen, in die Materie zerlegt werden kann, ohne die individuellen Eigenschaften zu verlieren. Die nächste Stufe der Zerkleinerung wäre das Atom selbst. Diese Kolloidpartikel befinden sich in destilliertem Wasser und tragen eine elektrische Ladung. Da sich gleiche Ladungen abstoßen, halten sie sich gegenseitig in der Schwebe. Kolloide spielen in der Natur eine sehr große Rolle.

Alle Lebensvorgänge in einer Zelle, dem Baustein der Lebewesen, basieren auf kolloidalen Zustandsformen. Weitere Beispiele für Kolloide sind zum Beispiel frisch gepresster Orangensaft, Waschmittel, die Beschichtung von Filmen, aber auch Rauch oder Nebel, schreiben Werner Kühni und Walter von Holst in ihrem Ratgeber "Kolloidales Silber als Medizin". Nicht zu vergessen sind das Blut und die Lymphe, welche sich ebenfalls in kolloidalem Zustand befinden.

Kolloidales Silber ist mikroskopisch klein

Durch das Zerkleinern in mikroskopisch kleine Teilchen wird die Gesamtoberfläche enorm vergrößert und damit auch die Wirkung. Außerdem wird die Möglichkeit, in den Körper einzudringen und an selbst entlegene Stellen zu gelangen, enorm verbessert. Ganz besonders interessant sind Silberkolloide, da das Edelmetall Silber der beste natürliche elektrische Leiter ist.

Kolloidales Silber lähmt den Stoffwechsel von Parasiten

Die winzigen Silbermoleküle dringen in einzellige Bakterien ein und blockieren dort ein für die Sauerstoffgewinnung zuständiges Enzym. Der Stoffwechsel der Parasiten kommt so zum Erliegen, und sie sterben ab. Erfahrungsgemäß werden intakte Hautzellen und gesundheitsfördernde Bakterien bei der Behandlung mit kolloidalem Silber nicht geschädigt, "wobei hierfür noch keine überzeugende Erklärung vorliegt", geben Kühni und von Holst zu.

Kolloidales Silber tötet einzelligen Parasiten, also Bakterien, Viren und Pilze, in kürzester Zeit ab. Es soll gegen ca. 650 verschiedene Krankheitserreger wirksam sein.

Kollidales Silber unterstützt die Regeneration

Kolloidales Silber wirkt aber nicht nur vernichtend auf lebensfeindliche Formen, es unterstützt auch die Bildung lebensnotwendigen Gewebes, wie Dr. Robert O. Becker, Autor des Buches "The Body Electric" und ein bekannter Biomedizinforscher von der amerikanischen Syracuse University herausfand. Kolloidales Silber hat – über die allgemein bekannte Wirkungsweise hinaus – auch einen tief greifenden Heilstimulus auf die Haut und auf anderes Gewebe.

Förderung von Knochenwachstum

Es förderte in besonderer Weise das Knochenwachstum und beschleunigte die Heilung von verletztem Gewebe um mehr als fünfzig Prozent." Dr.Becker war sehr erstaunt darüber, dass kolloidales Silber eine neue Art des Zellwachstums fördert, welches aussieht wie die Bildung von Zellen bei Kindern. "Diese Zellen wachsen schnell und produzieren dabei eine erstaunliche Sammlung primitiver Zellformen, die in der Lage sind, sich mit hoher Geschwindigkeit zu multiplizieren und sich dann in die spezifischen Zellen eines Organs oder eines verletzten Gewebes zu differenzieren, selbst bei Patienten über fünfzig Jahren."

Kolloidales Silber sollte zeitlich versetzt zu anderen massiven Anwendungen wie etwa der Einnahme eines ätherischen Öls, einer Sole-Lösung (Salz-Lösung), einer Kieselsäueregel-Lösung oder eines Heilkräutertees eingenommen werden.

Edelsteinwasser als Trinkwasser

Die Grundmischung 'Antistress'

Eine einfache und sehr gute Anwendungsmöglichkeit von bioenergetischen Edelsteinen besteht in der Herstellung von Steinwasser, das Sie mit Steinmischungen selber herstellen können

Legen Sie einfach die passenden Steine einige Stunden in eine Kanne mit Wasser bevor Sie dieses Wasser Ihren Tieren als Trinkwasser zur Verfügung stellen.

AMETHYST - ein violetter Quarz

Leitsatz: Harmonie, Ruhe, Blutdruck, Stoffwechsel
Der Stein für Harmonie, innere Ruhe und Zufriedenheit. Hilft der Haut, Feuchtigkeit besser zu speichern, stabilisiert den Blutdruck, regt den Stoffwechsel an, schützt die Haut.

BERGKRISTALL - ein reiner Quarz

Leitsatz: Immunsystem, Gelenke

Der Bergkristall stärkt die Abwehrkräfte und verleiht dem Körper neue Energie, verhilft zum richtigen Einschätzen von Situationen und Menschen, kräftigt das Immunsystem, fördert die Durchblutung, lässt das Blut besser fließen, lindert Rücken- und Gliederschmerzen

Verhilft zu klarerem Sehen, hilft bei Fieber.

ROSENQUARZ - ein rosaroter Quarz

Leitsatz: Herz, Kreislauf, Freundschaft, Liebe
Der Rosenquarz ist Stein der Liebe und des Herzens,
entkräftet Computerstrahlen und elektromagnetische
Wellen. Der Stein wirkt fördernd auf die Funktion von
Herz und auf den Blutkreislauf. Verbessert die Situation
bei Kreislauferkrankungen, sorgt für eine gute Spülung
der inneren Organe. Wirkt unterstützend auf die
Erneuerung der Haut.

AVENTURIN - grüner Aventurin - ein grüner Quarz
Leitsatz: Haut, Haare

Grüner Aventurin unterstützt den Körper bei
Hautausschlägen, Hautallergien, Akne und Pickel.
Kräftigt Haut und Haare und stärkt das Gewebe.
Fördert die Regeneration des Herzens. Wirkt
entschlackend.

BLAUER KALZIT - ein blaues Karbonat

Leitsatz: Knochen, Gelenke

Der Blaue Kalzit festigt die Knochen, stärkt die
Bandscheiben und fördert das Knochenwachstum. Bei
Tieren mit brüchigen Knochen wirkt Kalzit kräftigend.
Auch andere Hartgewebe des Körpers wie Nägel,
Haare und Zähne werden gefestigt.

FLUORIT (Flussspat) - ein grüner Halogenid

Leitsatz: Zähne, Knochen, Gelenke, Haut

Der Fluorit ist gut einzusetzen für die Regeneration der Haut und der Schleimhäute, insbesondere auch die Schleimhäute der Atemwege und der Lunge. Er begünstigt die Heilung von Pickeln und Wunden. Er stärkt Knochen und Zähne und hilft bei Gelenkbeschwerden. Er hält unseren Bewegungsapparat beweglich. Wirkt entschlackend und entgiftend.

ORANGENKALZIT - ein orangefarbenes Karbonat

Leitsatz: Knochen, Gelenke, Selbstbewusstsein

Der Orangenkalzit festigt die Knochen und stärkt die Bandscheiben. Stärkt das Selbstbewusstsein.

ROTER JASPIS - ein roter Quarz

Leitsatz: Kreislauf, Entschlackung, Energiefluss

Der Rote Jaspis regt den Kreislauf an, wirkt zellentwässernd und stärkt das Immunsystem. Er unterstützt die Entgiftung unserer Organe und wirkt abführend bei Verdauungsproblemen. Er regt den Energiefluss an und wird deshalb gerne bei Problemen im Sexualbereich eingesetzt. Er regt die Willenskraft an und macht dynamisch.

SCHWARZER TURMALIN (Indigolith) - ein schwarzes Silikat

Leitsatz: Stress, Belastung, Regeneration

Der schwarze Turmalin hilft dem Körper beim Abbau von Stress und Belastungen und regt die Regenerationskraft der Körperzellen an. Er ist ein Stein für Erkrankungen der Lunge und der Atmungsorgane. Er hilft bei Asthma, Bronchitis und Erkältungskrankheiten.

SODALITH - ein Foid

Leitsatz: Schilddrüse, Blutdruck

Der Sodalith regt die Schilddrüsenfunktion an, fördert Wachstum und den Stoffwechsel. Dieser Stein aktiviert die Bauchspeicheldrüse und regt die Produktion von Insulin an. Es ist der Stein bei hohem Blutdruck und entlastet das Herz. Der Lymphfluss wird aktiviert, das Immunsystem gestärkt.

Die Regenbogenbrücke

Irgendwann verlässt uns leider jedes Tier einmal endgültig. Manche Tiere haben nur eine relativ kurze Lebenserwartung (z.B. Hamster) andere Tiere können sehr alt werden – hier möchte ich der Einfachheit halber die Papageien nennen. Sicherlich ist es für den Halter eines Tieres ein sehr schmerzlicher Vorgang da uns unsere Tiere im Normalfall sehr ans Herz gewachsen sind. Aber auch hier können wir dem Tier den Weg über die Regenbogenbrücke erleichtern, indem wir im mit Hilfe von Reiki den Weg ins ewige Licht erleichtern.

Wenn Sie feststellen, dass das Leben Ihres Tieres bald zu Ende ist, lassen Sie das Tier nicht alleine. Sie möchten sicherlich auch nicht alleine in dieser Situation sein. Tiere spüren sehr gut, wenn das Ende kommt und sie sind sehr dankbar, wenn der Partner Mensch ihnen hierbei zur Seite steht. Bekommen sie dann auch noch Reiki fällt ihnen der Weg über die Regenbogenbrücke viel leichter.

Reiki - Zentrum - Saar

www.kummerkastensaar.de